Rudy Joher Anselmi Ruiz

Estados de Excepción y Derechos Fundamentales en Venezuela

O! Ediciones

Estados de excepción y derechos fundamentales en Venezuela

Primera Edición
Junio 2025

Editado por:
O! Ediciones
www.oediciones.com
RRSS: @oediciones

Dep. Legal: DC2025000834
ISBN: 978-980-452-030-3

Autor:
Rudy Anselmi
rudyanselmi@gmail.com

Editor:
Orlando DJ Hernández
editor@oediciones.com

Producción de Portada:
O! Ediciones

Rudy Anselmi

Abogado egresado de la Universidad de los Andes (ULA) y Magíster en Relaciones Internacionales por la Universidad Central de Venezuela (UCV). Su formación académica ha estado marcada por una sólida vocación hacia el estudio del derecho, las relaciones internacionales y los procesos que configuran las dinámicas fronterizas.

En el ámbito universitario, ha desarrollado una destacada carrera como docente en la Universidad Marítima del Caribe (UMC), donde ejerce en la categoría de Profesor Asociado. Como parte de su trayectoria académica, ha presentado un trabajo de ascenso titulado "Estado de excepción y de emergencia económica y los principios de la protección internacional de los derechos fundamentales en el eje fronterizo Táchira-Norte de Santander". Esta obra refleja su profundo interés por los desafíos jurídicos y humanitarios en contextos de emergencia y zonas limítrofes.

Su tesis de maestría, titulada "Teoría de los Regímenes Internacionales y el Transporte Terrestre de Mercancías entre Venezuela y Colombia", complementa su perfil investigativo con un enfoque multidisciplinario que articula el derecho internacional, la economía y la geopolítica regional.

En su experiencia profesional, se ha desempeñado en el Poder Judicial venezolano como Secretario y Juez Accidental, y ha incursionado en el ámbito diplomático como Cónsul de Segunda en el Consulado General de Venezuela en el Norte de Santander, Colombia, fortaleciendo las relaciones consulares entre ambas naciones.

Además de su labor docente, ha ocupado relevantes cargos administrativos en la Universidad Marítima del Caribe, incluyendo la Dirección de la Escuela de Ciencias Sociales, la Coordinación General de Asuntos Rectorales y la Coordinación de Relaciones Interinstitucionales, contribuyendo activamente al desarrollo académico y organizacional de la institución.

Agradecimientos

Con profundo agradecimiento, dedico estas líneas a la Universidad Marítima del Caribe, mi casa académica durante veinticinco años. En sus aulas encontré no solo un espacio de formación profesional, sino también un entorno fértil para el crecimiento personal y académico. Haber alcanzado el escalafón de profesor titular, y haber tenido el privilegio de impartir la cátedra de Legislación Marítima, representa uno de los más grandes honores de mi carrera.

A los estudiantes que me acompañaron a lo largo de este camino: gracias por sus preguntas, su entusiasmo, y su búsqueda incansable de respuestas. Ustedes han sido la chispa que encendió el deseo de profundizar en los Estados de Excepción y los derechos fundamentales, tema que aquí abordo con rigor y pasión.

A mis colegas y autoridades universitarias, gracias por su respaldo continuo y por brindar un entorno que valora la enseñanza y la investigación como pilares fundamentales del saber.

Finalmente, reitero mi gratitud a quienes han sido sostén y aliento en este trayecto: mi familia, mis hermanos consanguíneos y aquellos hermanos que la vida me regaló. Sin su compañía, este libro no habría sido posible.

Dedicatoria

A mi familia, por su apoyo incondicional.

A mis hermanos, de sangre y de la vida,
por su amor y comprensión constantes.

A mis estudiantes, cuya curiosidad
y sed de conocimiento dieron
sentido a cada página de esta obra.

Prólogo

Nuestra casa editorial O! Ediciones me solicitó prologar la obra del profesor Rudy Anselmi, titulada *Estados de Excepción y Derechos Fundamentales en Venezuela,* lo cual acepté, quedando gratamente complacido con su contenido y desarrollo.

En efecto, el tema de los estados de excepción y su relación con los derechos fundamentales es un aspecto previsto en la Constitución Nacional, de aplicación frecuente, pero que muchos profesionales del Derecho y la población en general desconocen en cuanto a sus formas y alcances, a pesar de que se trata de situaciones que afectan ostensiblemente a la ciudadanía. En esta obra, el profesor Anselmi realiza un análisis detallado de los estados de excepción previstos en la Carta Fundamental venezolana, y va más allá al considerar situaciones similares en el contexto mundial que guardan relación con las situaciones de excepción, tales como las instituciones existentes en el derecho comparado (ley marcial, estado de sitio, estado de guerra, entre otras).

El presente libro consta de un total de nueve (9) capítulos, redactados en forma didáctica y comprensible para todo público, entre los cuales resaltan, a mi particular criterio, dos de ellos, a saber: *Análisis de los principios de derecho internacional aplicables al contexto venezolano* y *Consecuencias sociales y económicas en la frontera colombo-venezolana.* En relación con los principios que rigen los estados de excepción, es fundamental su conocimiento, ya que, como lo refiere el filósofo alemán Robert Alexy, son mandatos de optimización que permiten la mejor comprensión y aplicación de los preceptos constitucionales y legales a los cuales se refieren; siendo que, hoy en día, el Derecho es básicamente principista, y esto es lo que desarrolla los valores axiológicos de la Constitución. Este libro, con mucha enjundia y sustancia, hace la consideración pertinente sobre cada uno de los principios rectores de la materia. En cuanto al tratamiento del caso particular de la frontera colombo-venezolana (Norte de Santander–Táchira), es de observar que este libro permite advertir las consecuencias particulares de un estado de excepción frente a una situación real, analizando con detalle y sólido conocimiento cómo un estado de emergencia económica puede afectar a una comunidad cuando no se toman en cuenta una serie de situaciones y condiciones.

También es de resaltar que el autor, en diferentes capítulos, presenta sus propias conclusiones sobre el tema tratado, debiendo destacar aquellas que se refieren a la aplicación de los estados de excepción en Venezuela en el período 2015–2025; donde, con justo criterio, señala que diferentes principios de esta figura "fueron insuficientemente observados en la práctica venezolana", haciendo alusión a la prolongación indefinida de los estados de excepción y a la afectación sistemática de los derechos fundamentales consagrados en la Carta Magna.

Expreso mis felicitaciones al profesor Rudy Anselmi por el esfuerzo y dedicación en la realización de esta obra, que de seguro se verán compensados por el éxito que la misma tendrá. Y, para concluir, me permito reflejar la cita del autor De La Quadra, contenida en este libro, y que reza así:

> ***"La razón de ser de los Estados de Excepción es la de buscar el mantenimiento de la normalidad en circunstancias extraordinarias."***

Dr. Antonio Bello Lozano Márquez
Profesor Universitario

Introducción

En los últimos años, Venezuela ha atravesado un proceso de profunda transformación política y económica, caracterizado por una creciente polarización y un marcado deterioro de su economía. Ante este complejo escenario, el Ejecutivo Nacional venezolano recurrió, a partir de 2015, a la figura del Estado de Excepción y de Emergencia Económica, justificando su implementación con la necesidad de enfrentar circunstancias extraordinarias que amenazaban la estabilidad del país y el bienestar de sus ciudadanos.

La promulgación de estos decretos suscitó un intenso debate tanto a nivel nacional como internacional, especialmente en torno a su repercusión sobre la protección de los derechos fundamentales. El presente estudio tiene como objetivo examinar de manera crítica el impacto de los Estados de Excepción y de Emergencia Económica, decretados e implementados por el Ejecutivo Nacional venezolano desde 2015, en los principios de protección internacional de los derechos fundamentales. En particular, se abordará el contexto de la región fronteriza colombo-venezolana, específicamente en la zona Norte de Santander-Táchira, para analizar cómo estas medidas afectaron a una zona históricamente compleja y dinámica.

Este análisis abarcará los efectos sociales y económicos de dichas declaratorias, así como la conceptualización de los Estados de Excepción y de Emergencia Económica desde la perspectiva del derecho internacional. Asimismo, se interpretarán los principios de derecho internacional aplicables a estos contextos, considerando la interrelación entre las crisis económicas y los problemas fronterizos que derivaron en la implementación de medidas excepcionales con múltiples objetivos.

La metodología empleada en esta investigación se fundamenta en un análisis crítico de la legislación venezolana, los instrumentos internacionales de derechos humanos, los informes emitidos por organizaciones internacionales y regionales, y estudios académicos de relevancia. A partir de este enfoque, se pretende ofrecer una perspectiva integral sobre las implicaciones jurídicas y sociales de la normalización de medidas de emergencia en el contexto venezolano.

El contexto histórico de estas declaratorias coincide con un periodo de creciente polarización política y una profunda recesión económica, lo que sugiere que dichas medidas pudieron haber sido utilizadas no solo para afrontar crisis específicas, sino también para consolidar el poder ejecutivo y gestionar la disidencia. La recurrencia y prolongación de los Estados de Excepción desde 2015, evidenciada en numerosos decretos y sus respectivas prórrogas, plantea interrogantes sobre una posible normalización de medidas de emergencia, lo cual podría tener repercusiones significativas en la institucionalidad democrática y el estado de derecho.

Por último, el enfoque específico en la región fronteriza colombo-venezolana resalta la particularidad de esta zona como un territorio históricamente desafiante, donde los estados de excepción y la emergencia económica probablemente generaron un impacto más pronunciado en comparación con otras áreas del país. La vinculación entre la crisis económica y los conflictos fronterizos sugiere que las medidas implementadas no solo respondieron a preocupaciones internas de seguridad o estabilidad económica, sino que también atendieron múltiples objetivos, algunos de los cuales trascienden el ámbito puramente económico.

Contenido

Capítulo 1
Naturaleza jurídica de los Estados de Excepción

En épocas normales y ordinarias los Estados disponen de toda una serie de instrumentos y de mecanismos jurídicos para garantizar el buen funcionamiento de las instituciones. Disponen de cláusulas de interpretación y de restricción de derechos y libertades, sin que ello implique necesariamente estar haciendo uso de facultades extraordinarias o excepcionales.

Los Estados disponen de procedimientos legislativos simplificados y de técnicas legislativas de sustitución, las cuales se han puesto en vigor en situaciones conflictivas con el fin de no tener que recurrir al uso de poderes extraordinarios. Tales medidas han resultado ser insuficientes para superar las crisis graves y para satisfacer las necesidades del Estado, especialmente del andamiaje moderno, que por diversas causas se ha visto involucrado frecuentemente en situaciones de crisis agudas que no son susceptibles de superarse sino a través de mecanismos jurídicos especiales o excepcionales.

Los Estados cuentan actualmente con mecanismos e instrumentos destinados a regir la vida normal de las instituciones, pero también cuentan con toda una serie de mecanismos, medidas e instrumentos para las situaciones anormales, graves e insuperables.

Es importante, por lo tanto, tratar de encontrar ciertos criterios conceptuales y características básicas que permitan adentrarnos al campo de la definición o conceptualización de los estados de excepción. Ello es necesario para despejar la posible confusión que existe en torno a su definición y alcance debido fundamentalmente al tratamiento no uniforme de este tema de parte de los Estados como de la doctrina.

En la actualidad existen diversas interpretaciones acerca de los Estados de excepción, por lo que es preciso destacar en primer lugar los elementos definitorios y aspectos constitutivos de tal categoría jurídica. Se trata de comprender su naturaleza y fundamentación ontológica a los fines de clarificar lo más posible este concepto.

Características y elementos de las Estados de Excepción

1. **Finalidad y justificación:** Los Estados de excepción surgen a la vida del Derecho precisamente porque las instituciones jurídicas y políticas del Estado han sido insuficientes e incapaces para superar graves crisis o situaciones de emergencia extraordinaria. Surgen en razón de buscar soluciones urgentes y adecuadas a las crisis graves con el objeto de garantizar el retorno a la normalidad y la defensa del Estado de Derecho, de las instituciones democráticas y de los intereses supremos de los derechos fundamentales, así como de otros valores esenciales de la colectividad.
2. **Mecanismo de defensa constitucional:** Los Estados de excepción constituyen una defensa del Estado. Para algunos autores los mismos no son más que un mecanismo de defensa del *"status quo"* constitucional y constituyen la reacción última del Derecho ante el asalto ilegítimo de la fuerza en contra del Estado.
3. **Garantía constitucional con suspensión parcial:** Los Estados de excepción son instituciones que funcionan como una garantía de la Constitución, pero a diferencia de las demás garantías, ésta funciona bajo la modalidad de ser una suspensión temporal o provisional de una parte de la misma Constitución, es decir, de algunos de sus preceptos y no de toda la Constitución. (De La Quadra, 1983)

4. **Requisitos de gravedad y especificidad:** Los Estados de excepción requieren de la existencia de una situación de peligro real o inminente, que además sea grave e insuperable por las instituciones jurídicas normales de que dispone el Estado. Esta situación afecta de una u otra forma a la colectividad en su conjunto y produce efectos en todo o parte del territorio del Estado. En consecuencia, los Estados no pueden invocar situaciones vagas o aparentemente graves para ejercer las facultades excepcionales.

5. **Fundamentación legal y constitucional:** Las causas y los motivos que justifiquen el uso de los poderes extraordinarios, así como el impulso de las medidas de excepción, deben estar previstas de manera clara en la legislación, especialmente en la ley primaria o Constitución.

6. **Temporalidad y carácter provisional del régimen de excepción:** Los Estados de excepción por naturaleza son de carácter temporal o provisional y nunca pueden estar destinados a regir por tiempo indefinido ni mucho menos de manera permanente. Si bien se produce en tales situaciones una suspensión de ciertas normas del ordenamiento jurídico de la normalidad por un ordenamiento jurídico de excepción, éste debe regir con el fin de garantizar la estabilidad de aquél. *Hauriou* y *Duguit* (1977) atribuyen a los estados de excepción una "auténtica naturaleza jurídica de fuente creadora del Derecho." Otros autores también consideran que los Estados de excepción están constituidos por un orden jurídico provisional destinado a asegurar de manera

inmediata el restablecimiento y la estabilidad del definitivo orden jurídico en el marco de un Estado de Derecho.

7. **Limitación y control de los poderes extraordinarios:** Conllevan el ejercicio de poderes o facultades extraordinarios, pero éstos no pueden ejercerse de manera absoluta y arbitraria. Se entiende que en el marco de un Estado de Derecho el ejercicio de tales poderes y facultades es restrictivo, y por su misma naturaleza debe estar sujeto a controles y a ciertos límites determinados tanto por el Derecho Interno como por la normativa internacional.

8. **Impacto en derechos fundamentales y garantías procesales:** Los Estados de excepción afectan de manera sustancial algunas garantías procesales así como también afectan el ejercicio de ciertos derechos subjetivos fundamentales, entendidos éstos como la facultad que la norma atribuye de protección a la persona en lo referente a su vida, a su libertad, a la igualdad, a su participación política o social, o a cualquier otro aspecto fundamental que afecte su desarrollo integral como persona, en una comunidad de hombres libres, exigiendo el respeto de los demás hombres, de los grupos sociales y del Estado, y con posibilidad de poner en marcha el aparato coactivo del Estado en caso de infracción.

9. **Restricción relativa y garantías mínimas de los derechos:** Algunos de estos derechos subjetivos fundamen-

tales no pueden invocarse frente a las actuaciones del poder político de igual forma que en las situaciones de normalidad constitucional. Pero estos derechos y libertades debilitados van acompañados en toda circunstancia de garantías mínimas indispensables para asegurar su naturaleza y su contenido esencial. La suspensión o derogación de los derechos fundamentales, en consecuencia, no es total ni absoluta, por lo que las autoridades oficiales deben ceñirse a lo estrictamente indispensable según lo requiera la misma situación. Ello supone que fuera de los supuestos necesarios, los derechos y libertades despliegan sus efectos plenos y se benefician de las garantías judiciales.

10. **Concentración de poder y alteración institucional:** Los Estados de excepción provocan de manera inmediata una alteración en el funcionamiento normal de las instituciones públicas y dan lugar a la concentración de poderes especialmente en el Ejecutivo. Se produce un desequilibrio entre los órganos del Estado y entre éstos y los particulares.

11. **Ejercicio reglado de poderes extraordinarios:** Los estados de excepción implican necesariamente el uso de facultades o poderes extraordinarios a los cuales no se puede recurrir en épocas que no sean de crisis extraordinarias, pero en todo caso, independientemente de la naturaleza y de la gravedad de la crisis, el uso de tales facultades por los poderes públicos y especialmente por el Ejecutivo, no puede ser arbitrario.

Debe estar reglado y obedecer a principios básicos, cuyo cumplimiento, acatamiento y respeto tiene que ser verificado y sometido a controles jurídicos y políticos efectivos.

12. **Perturbación general del orden institucional:** Los Estados de excepción tienen en común el representar una alteración o modificación de las funciones normales de las instituciones del Estado. Esta perturbación institucional afecta de una u otra forma todos los órdenes e instancias de la vida nacional.

Tomando en cuenta estas características de los estados de excepción se puede tratar de construir un concepto que se adecúe en lo posible a las distintas instituciones de excepción, pero que además responda a las actuales exigencias del Derecho Internacional Convencional y del Estado Democrático de Derecho.

En primer lugar, conviene señalar que el Estado de excepción, como institución legitimada para operar en situaciones de crisis extraordinarias, constituye un mecanismo de respuesta última del Estado frente a una situación de peligro real o inminente, que además es grave e insuperable por los cauces legales normales de que se dispone en un momento determinado, y que es capaz de provocar una alteración en el funcionamiento de las instituciones del Estado y en el ejercicio normal de ciertos derechos, libertades y garantías de las personas.

En segundo lugar, los Estados de excepción, como mecanismos de reacción última, de naturaleza temporal o provisional, están destinados exclusivamente a la superación de las crisis extraordinarias y a garantizar el retorno de la normalidad, la defensa del Estado de Derecho o imperio de la ley, la defensa y salvaguardia de las instituciones democráticas, de los derechos fundamentales de las personas, de los valores superiores del ordenamiento jurídico y los intereses supremos de la colectividad.

Para el logro de tales fines el Estado puede legítimamente hacer uso de ciertas facultades especiales de carácter limitado, las cuales deben necesariamente estar preestablecidas con suficiente claridad en la Constitución y las leyes, siempre que se haya previsto las causas que son susceptibles de generar los distintos estados de excepción.

En tercer lugar, es importante mencionar que los Estados de excepción están sujetos, en el marco de un Estado de Derecho, a controles de carácter jurisdiccional que garanticen por una parte que no se afecte la protección de los derechos inderogables, y por otra parte, que no se afecte los derechos sujetos a suspensión más allá de lo estrictamente indispensable para la superación de la crisis.

También podría agregarse lo que a este respecto han expresado diversos autores, que al definir el Estado de excepción o Estado de necesidad, sostienen que es una situación extraordinaria, un estado de cosas que amenaza la continuidad del mantenimiento del imperio del Derecho, para cuyo enervamiento se acude a la vigencia de instituciones caracterizadas por ser método de concentración de poderes.

Por su parte, Fernández (1976) define el Estado de excepción, considerado también en un amplio sentido, como "el conjunto de circunstancias, previstas al menos genéricamente, en las normas constitucionales, que perturban el normal funcionamiento de los poderes públicos y amenazan a las instituciones y principios básicos del Estado y cuyo efecto inmediato es la concentración en manos del gobierno de poderes o funciones que, en tiempo normal, deben estar divididas o limitadas."

Según comenta este autor, los Estados de excepción constituyen mecanismos de defensa del status quo constitucional, lo cual da lugar a pensar que en materia de Estados de excepción se impone necesariamente la defensa de la constitucionalidad por medio de una regulación jurídica especial que ponga en marcha ciertos mecanismos de defensa que aseguren el imperio del Derecho.

Por ello es que los Estados de excepción, en el marco de un Estado de Derecho, no pueden estar justificados sino con base a la necesidad de buscar el restablecimiento de la normalidad en todos los órdenes de la vida del Estado que se han visto alterados considerablemente por la situación de emergencia.

En ese sentido, De La Quadra (1983) expresa que la razón de ser de los Estados de excepción es la de "buscar el mantenimiento de la normalidad en circunstancias extraordinarias." Para este autor, el fin último de los Estados de excepción es precisamente la defensa del orden político del Estado.

Los Estados de excepción son por naturaleza Estados de necesidad que exigen de su regulación jurídica constitucional y están determinados por diferentes situaciones de hecho que alteran la vida institucional y social, el ordenamiento jurídico, y por ende, la paz y la estabilidad social, Por ello, las instituciones de excepción que surjan a raíz de este tipo de situaciones extraordinarias deben estar reguladas jurídicamente de tal manera que las facultades o poderes que ejerzan los Estados en estas circunstancias queden sujetos a ciertos principios jurídicos y a normas vinculantes en materia de protección de los derechos humanos.

Con los anteriores elementos conceptuales podría satisfacerse básicamente las exigencias planteadas por el Derecho Constitucional comparado así como por la doctrina moderna respecto de las instituciones de excepción, las cuales deben responder fundamentalmente a una situación de extrema necesidad pública que se derive de la misma naturaleza del peligro o amenaza existente, y además, de la evidente incapacidad o imposibilidad del Estado para superar por los medios normales dichas circunstancias.

En conclusión, la necesidad imperiosa del Estado de solucionar la crisis excepcional debe estar en función de proteger ciertos valores esenciales de la sociedad y del Estado, y en definitiva, debe responder a las exigencias de los intereses supremos de los derechos humanos fundamentales de la colectividad.

Capítulo 2
Conceptualización de los Estados de Excepción y de Emergencia Económica bajo el Derecho Internacional

El derecho internacional de los derechos humanos reconoce que, ante circunstancias extraordinarias, los Estados pueden adoptar medidas excepcionales que impliquen la restricción temporal de ciertos derechos fundamentales. Esta figura, conocida como Estado de Excepción, se encuentra prevista principalmente en el artículo 4 del Pacto Internacional de Derechos Civiles y Políticos (PIDCP) y en el artículo 27 de la Convención Americana sobre Derechos Humanos (CADH). Ambos instrumentos establecen que los Estados Parte pueden, bajo condiciones estrictamente delimitadas, suspender temporalmente algunas de sus obligaciones en materia de derechos humanos, siempre que enfrenten una situación excepcional que amenace la vida de la nación y cuya existencia haya sido debidamente proclamada.

No obstante, la normativa internacional impone límites rigurosos tanto para la declaración como para la aplicación de estas medidas. En primer lugar, su uso debe ser estrictamente temporal y excepcional. En segundo lugar, deben ser necesarias para atender la amenaza concreta y proporcionales a la magnitud del peligro enfrentado. Estas condiciones buscan evitar que los Estados abusen de esta figura para restringir derechos más allá de lo justificado.

Existen, además, derechos inderogables que no pueden ser suspendidos bajo ninguna circunstancia, aun en contextos de emergencia. Entre ellos se encuentran el derecho a la vida, la prohibición absoluta de la tortura, los tratos crueles, inhumanos o degradantes, y la esclavitud. Estas garantías están protegidas explícitamente por el artículo 4.2 del PIDCP y por disposiciones análogas en la CADH, constituyendo un núcleo intangible de derechos cuya vigencia debe mantenerse incluso en estados de excepción.

Asimismo, el Estado que declara el estado de excepción tiene la obligación formal de proclamarlo públicamente y notificarlo de inmediato a los demás Estados Parte a través del Secretario General de las Naciones Unidas y del Secretario General de la Organización de los Estados Americanos (OEA), en cumplimiento de los procedimientos establecidos en los tratados internacionales pertinentes.

En cuanto a la figura de la *emergencia económica*, debe señalarse que el derecho internacional de los derechos humanos no contempla una disposición específica equivalente al artículo 4 del PIDCP. Por ello, la posibilidad de considerar una crisis económica severa como una "emergencia pública" que amenace la vida de la nación —y que justifique por ende la suspensión de ciertas obligaciones internacionales— continúa siendo objeto de interpretaciones diversas y debates doctrinarios.

Ciertamente, una crisis económica aguda puede comprometer gravemente el goce de los derechos económicos, sociales y culturales, y eventualmente generar impactos colaterales sobre otros derechos. Sin embargo, no toda crisis económica, por profunda que sea, constituye *per se* una amenaza inminente contra la existencia misma de la población. Por tanto, las medidas que se adopten en respuesta a tales emergencias deben seguir estrictamente los principios de necesidad, proporcionalidad y no discriminación, y en ningún caso pueden afectar derechos inderogables.

Resulta clave distinguir entre un estado de excepción declarado en respuesta a una amenaza general contra la nación, y un estado de emergencia económica originado por factores estrictamente financieros o estructurales. Aunque en la práctica ambas figuras pueden coincidir o superponerse, su justificación y alcance deben ser evaluados con criterios jurídicos diferenciados.

En el caso venezolano, la prolongación indefinida del estado de emergencia económica —renovado de forma sistemática desde 2016— plantea serias dudas respecto al cumplimiento del principio de temporalidad exigido por el derecho internacional. Si bien la noción de "emergencia pública" ha sido formulada con cierta flexibilidad, ello no autoriza a los Estados a emplear crisis económicas como fundamento permanente para restringir derechos humanos. Tal práctica implica el riesgo de utilizar la emergencia como herramienta de gobierno ordinario, lo que vulnera los estándares internacionales y amenaza la protección efectiva de los derechos fundamentales, aun cuando no exista una amenaza directa a la supervivencia de la población.

Capítulo 3
Campo de aplicación de los Estados de Excepción

En la actualidad, el campo de aplicación de los Estados de Excepción resulta sumamente amplio, producto de la complejidad y dinamismo que caracteriza la vida jurídica y política de los Estados modernos. La recurrencia de crisis de distinta índole —económicas, sociales, naturales, sanitarias o políticas— ha propiciado que los ordenamientos jurídicos contemplen una variedad de escenarios en los que puede justificarse la adopción de medidas extraordinarias.

Esta diversidad de hechos ha sido jurídicamente reconocida como fundamento válido para la activación de los Estados de Excepción, lo que ha contribuido a una expansión progresiva de su ámbito de aplicación. La determinación jurídica de estas situaciones de hecho ha recaído, en la mayoría de los casos, en el poder legislativo —particularmente en los órganos constituyentes— los cuales han procurado normar un amplio abanico de circunstancias extraordinarias que habilitan el uso de estas facultades excepcionales. Sin embargo, esta tarea no ha estado exenta de desafíos, y hasta la fecha no se ha logrado una uniformidad de criterios en cuanto a su definición, delimitación y aplicación.

En algunos países, las normativas que regulan los Estados de Excepción presentan formulaciones generales y ambiguas, lo que ha dado lugar a interpretaciones amplias, imprecisas o incluso contradictorias sobre cuándo procede su implementación. Esta falta de claridad puede traducirse en riesgos para los derechos fundamentales, al abrir la puerta a la discrecionalidad excesiva de los órganos ejecutivos. Por el contrario, otras legislaciones han optado por establecer con mayor precisión los supuestos fácticos que justifican la activación de medidas excepcionales, restringiendo así el margen de interpretación y fortaleciendo las garantías jurídicas.

En el plano internacional, también se ha abordado la necesidad de regular las causas que justifican la adopción de Estados de Excepción. El Pacto Internacional de Derechos Civiles y Políticos (PIDCP), por ejemplo, establece de manera general que estos solo pueden ser declarados ante "una situación que ponga en peligro la vida de la nación". Esta formulación abierta, si bien permite cierta flexibilidad contextual, también puede derivar en interpretaciones expansivas por parte de los Estados Parte, con el consecuente riesgo de menoscabo de derechos y libertades fundamentales.

En este contexto, se hace evidente la tensión entre la necesidad de dotar al Estado de herramientas extraordinarias para enfrentar crisis reales, y la obligación de preservar un marco jurídico claro, controlado y limitado que evite abusos y garantice el respeto a los principios del Estado de Derecho.

No obstante, debe tenerse en cuenta que el propio Pacto Internacional de Derechos Civiles y Políticos impone a los Estados Parte una serie de exigencias jurídicas ineludibles, orientadas a evitar el ejercicio arbitrario o injustificado de las facultades extraordinarias durante los Estados de Excepción. Estas condiciones actúan como límites formales y sustantivos al poder estatal, asegurando que cualquier suspensión de derechos se realice dentro de un marco legal definido y bajo vigilancia institucional.

Por su parte, la Declaración Universal de Derechos Humanos también contempla circunstancias excepcionales que pueden justificar restricciones al ejercicio de los derechos y libertades allí reconocidos. Aunque no regula explícitamente los Estados de Excepción como categoría jurídica, la Declaración hace referencia a situaciones tales como graves alteraciones del orden público, la moral, el respeto a los derechos de los demás y el bienestar general en una sociedad democrática, las cuales podrían interpretarse como causas subyacentes que justifican medidas excepcionales de carácter temporal.

El sistema interamericano de derechos humanos ha desarrollado una regulación más amplia y específica en esta materia. La Convención Americana sobre Derechos Humanos (CADH) enumera expresamente causas válidas para la suspensión de obligaciones internacionales durante los Estados de Excepción, tales como la guerra, el peligro público o cualquier otra emergencia que comprometa la independencia o la seguridad del Estado Parte. En una línea similar, la Declaración Americana de los Derechos y Deberes del Hombre permite la limitación de derechos con base en la protección de los derechos de los demás, la seguridad general y las exigencias del bienestar y desarrollo democrático.

En contraste, el sistema europeo establece criterios más restringidos, limitando las causas justificantes a casos de guerra o a otros peligros públicos que amenacen la vida misma de la nación.

De este modo, puede observarse que el Derecho Internacional no ha alcanzado aún una uniformidad en cuanto a la formulación de las causas que justifican la declaración de un Estado de Excepción. Sin embargo, existe un principio rector común: cualquiera sea la causa invocada por un Estado, esta debe revestir un grado tal de gravedad e inmediatez que imposibilite su tratamiento mediante los mecanismos ordinarios del orden constitucional vigente.

Además, toda medida de excepción debe estar sujeta a mecanismos efectivos de control, tanto internos (por parte de las instituciones nacionales) como internacionales (a través de los órganos de supervisión del sistema de protección de derechos humanos), a fin de verificar si la situación alegada como fundamento del estado de emergencia responde a la realidad objetiva y se ajusta a los criterios de legalidad, necesidad, proporcionalidad y temporalidad. Solo bajo estas condiciones puede considerarse legítima la suspensión de derechos en el marco del Derecho Internacional de los Derechos Humanos.

En conclusión, el ámbito de aplicación de los Estados de Excepción puede delimitarse, de manera general, a tres grandes categorías de situaciones de hecho, cuya gravedad e impacto justifican, desde el punto de vista jurídico, el ejercicio de facultades extraordinarias por parte del Estado, incluyendo la suspensión o restricción de ciertos derechos humanos. Estas situaciones, reguladas tanto por el Derecho Interno como por el Derecho Internacional, son las siguientes:

1. **Crisis económicas:** Circunstancias de grave afectación al orden económico nacional que comprometen la estabilidad general y requieren medidas urgentes más allá de las facultades ordinarias del Estado.
2. **Crisis derivadas de fenómenos naturales:** Catástrofes naturales o emergencias sanitarias de gran magnitud que alteran sustancialmente el funcionamiento institucional y el orden público.

3. **Crisis políticas:** Conflictos armados, tensiones internas, insurrecciones o cualquier situación que amenace gravemente la seguridad, soberanía o gobernabilidad del Estado.

1. Las crisis económicas

Las crisis económicas constituyen una de las circunstancias más recurrentes en los países en vías de desarrollo, particularmente en América Latina, donde están profundamente asociadas a fenómenos estructurales como el subdesarrollo y la dependencia económica. En términos estrictos, estas crisis —por sí solas— difícilmente podrían considerarse suficientes para justificar jurídicamente la declaración de un Estado de Excepción. No obstante, en situaciones extremas, es posible que una crisis económica adquiera tal magnitud que provoque alteraciones severas del orden público, desencadenando acontecimientos cuya gravedad excede la capacidad de respuesta de los mecanismos legales ordinarios del Estado. En tales casos, podría resultar legítimo el uso temporal y proporcional de medidas excepcionales.

Cabe destacar que las crisis económicas no suelen manifestarse de forma aislada. Por el contrario, tienden a interactuar con otras dinámicas de inestabilidad —como desastres naturales, conflictos internos o tensiones políticas— que agravan su impacto sobre la cohesión social y el funcionamiento institucional. En contextos de alta vulnerabilidad, esta confluencia de factores puede desencadenar escenarios de emergencia que justifiquen, bajo parámetros jurídicos rigurosos, la aplicación limitada y controlada de facultades extraordinarias.

Aunque los instrumentos internacionales de derechos humanos no mencionan explícitamente a las crisis económicas como causa directa para la suspensión de derechos, tampoco las excluyen. Desde la perspectiva del Derecho Internacional de los Derechos Humanos, no podría afirmarse que los Estados Parte se encuentran impedidos de aplicar medidas de excepción motivadas por una crisis económica, siempre que esta revista un carácter excepcional y cumpla con los principios de necesidad, legalidad, proporcionalidad, no discriminación y temporalidad. Ello resulta particularmente válido cuando se demuestra que la crisis ha provocado alteraciones sustantivas en el orden público y ha derivado en afectaciones significativas a los derechos fundamentales de la población.

De hecho, algunos países han recurrido a instrumentos jurídicos de excepción ante desórdenes públicos de gran escala originados en situaciones de colapso económico. Estas medidas, si bien pueden responder a una necesidad objetiva, deben estar cuidadosamente regladas para evitar su uso arbitrario o su prolongación injustificada.

En el caso venezolano —tema central de esta obra—, el recurso al Estado de Excepción ha sido una respuesta reiterada ante una profunda crisis económica, que ha generado manifestaciones públicas, desórdenes sociales y desequilibrios institucionales difíciles de contener por las vías regulares. Estas medidas, justificadas por el Ejecutivo bajo el argumento de preservar el orden interno, han sido motivadas en buena parte por el impacto de políticas de ajuste económico que afectaron de manera directa el bienestar social de amplios sectores de la población. Más adelante, se examinará cómo algunas de estas disposiciones han contravenido compromisos internacionales en materia de derechos humanos suscritos por el Estado venezolano.

Este panorama demuestra que muchos Estados, sin necesidad de acudir a las disposiciones del Derecho Internacional convencional, han optado por utilizar su legislación interna para enfrentar situaciones derivadas de crisis económicas profundas. Si bien estas circunstancias no figuran entre las causas más comunes tradicionalmente invocadas para justificar medidas extraordinarias, en contextos de extrema gravedad, pueden constituir fundamentos legítimos para la activación de un Estado de Excepción, siempre que se respete el marco jurídico correspondiente.

Es frecuente observar, en diversos países, el surgimiento de disturbios generalizados y episodios de convulsión social en las principales ciudades, producto de decisiones gubernamentales motivadas, en muchos casos, por condiciones impuestas por organismos financieros internacionales. Estas decisiones suelen incluir el aumento de tarifas de servicios públicos, la congelación de salarios, el incremento de precios de productos básicos o la implementación de políticas de ajuste estructural. Tales medidas suelen afectar desproporcionadamente a los sectores más vulnerables de la población, desencadenando oleadas de protestas —en ocasiones masivas y violentas— que amenazan el orden público.

Ante la imposibilidad de contener de manera inmediata estos disturbios mediante los mecanismos de seguridad ordinarios, los gobiernos optan por recurrir a facultades extraordinarias, justificando su uso como una vía para restablecer la paz pública y prevenir daños mayores a personas y bienes. Sin embargo, es crucial advertir que la persistencia de las causas estructurales que originan los desórdenes —y su eventual agravamiento— invalida la justificación prolongada de estas medidas excepcionales. En otras palabras, si la raíz del conflicto no ha sido atendida ni mitigada, el Estado no puede seguir invocando la emergencia inicial para mantener, indefinidamente, la suspensión de derechos y garantías.

De lo contrario, se corre el riesgo de que el Estado de Excepción, diseñado como un instrumento de aplicación temporal y limitada, se transforme en una condición permanente de gobierno, lo que constituye una distorsión inaceptable del principio de normalidad constitucional. En un auténtico Estado Democrático de Derecho, la excepción no puede convertirse en regla.

En consecuencia, cuando una crisis económica alcanza niveles de tal profundidad que exceden la capacidad del Estado para mantener el orden por medios ordinarios —especialmente debido a la escasez de recursos—, la respuesta no puede seguir sustentándose en la activación sostenida de mecanismos excepcionales. En estos casos, se impone la necesidad de explorar alternativas estructurales, políticas y sociales para afrontar y superar la emergencia. La prolongación indefinida de medidas excepcionales, lejos de resolver la crisis, puede agravarla, erosionando aún más el tejido institucional y la vigencia de los derechos fundamentales.

2. Las crisis provocadas por los efectos de la naturaleza.

Las crisis derivadas de fenómenos naturales pueden tener repercusiones significativas en la vida política, económica y social de los Estados, especialmente en aquellos con alta vulnerabilidad institucional o densas concentraciones poblacionales. Ejemplos de estas situaciones incluyen terremotos, maremotos, ciclones, inundaciones, incendios de gran escala —tanto urbanos como forestales— y otras catástrofes naturales que, en contextos específicos, pueden desencadenar alteraciones graves del orden público.

En estas circunstancias, es común que surjan disturbios en la vía pública, saqueos de viviendas y comercios, destrucción de bienes, y violaciones a los derechos fundamentales de las personas, como el acceso a la seguridad, la alimentación o el refugio. Ante este tipo de escenarios, los mecanismos jurídicos y administrativos ordinarios pueden resultar insuficientes, lo que lleva al Estado a considerar la aplicación temporal y controlada de medidas de excepción, orientadas exclusivamente a restablecer el orden y contener la emergencia.

También existen crisis de fuerza mayor provocadas por la acción humana, aunque con una frecuencia e impacto comparativamente menores. Estas pueden incluir accidentes tecnológicos, industriales o de transporte —por ejemplo, explosiones químicas, derrames tóxicos o colapsos estructurales— que generan situaciones de peligro colectivo. A pesar de no ser fenómenos naturales, estas emergencias pueden producir graves alteraciones al orden social, afectando amplios sectores de la población. En tales casos, la activación de facultades extraordinarias puede justificarse siempre que sea limitada al tiempo necesario para superar la contingencia.

En esta misma línea, deben mencionarse las crisis derivadas de accidentes nucleares, químicos o bacteriológicos, así como las crisis sanitarias capaces de desencadenar epidemias de gran escala o eventos de contaminación ambiental que pongan en riesgo la vida humana, animal o vegetal. Este tipo de crisis, por su naturaleza disruptiva, pueden generar caos social, escasez de recursos básicos y amenazas a la seguridad colectiva, situaciones que en algunos casos superan las capacidades operativas del aparato estatal bajo condiciones normales.

Aunque el Derecho Internacional convencional no establece de manera expresa ni uniforme que las catástrofes naturales o los eventos de fuerza mayor constituyan causas legítimas de un Estado de Excepción, ello no implica su exclusión automática del marco normativo. Por el contrario, debe interpretarse que estas situaciones se encuentran implícitas dentro de aquellas que alteran sustancialmente el orden público o configuran un peligro común grave, conforme lo previsto en diversos tratados y declaraciones internacionales en materia de derechos humanos.

Asimismo, en lo que respecta a las crisis provocadas por el ser humano, es importante distinguir entre aquellas de carácter accidental y las situaciones deliberadamente provocadas, donde existe la intención consciente de generar inestabilidad o daño colectivo. Si bien estas últimas ya no encajan estrictamente en la categoría de fuerza mayor, pueden ser igualmente consideradas dentro del ámbito de aplicación de los Estados de Excepción, dado su potencial para afectar de forma significativa la paz social y el orden institucional.

3. Las crisis políticas

Las crisis políticas constituyen, por excelencia, el contexto natural en el que surgen y se justifican históricamente las instituciones de excepción. A lo largo de la historia moderna, los factores de origen político han sido los detonantes más frecuentes de situaciones que han llevado a los Estados a suspender temporalmente ciertas obligaciones jurídicas, particularmente en materia de derechos humanos, con el fin de salvaguardar el orden constitucional.

Ya desde el siglo XVII se observa la estrecha vinculación entre circunstancias políticas graves y el ejercicio del poder absoluto, fenómeno que luego daría paso al surgimiento del Estado liberal moderno, al cual se le atribuye la institucionalización formal de los primeros regímenes jurídicos de excepción. Desde entonces, el uso de poderes extraordinarios ha estado asociado a momentos de alta tensión política, caracterizados por amenazas reales o inminentes a la estabilidad institucional.

En la actualidad, estas crisis políticas continúan desempeñando un papel central en la activación de Estados de Excepción. Entre las situaciones más representativas que configuran este tipo de crisis se encuentran:

- Conflictos armados internacionales
- Conflictos armados internos o de carácter no internacional
- Guerras de liberación nacional o de independencia colonial
- Tensiones internas, disturbios civiles o levantamientos sociales

Todas estas situaciones impactan de manera directa y profunda la estabilidad del Estado, afectando sus elementos constitutivos: la soberanía, la integridad territorial, la continuidad del gobierno y la vigencia del orden constitucional. Además, comprometen seriamente el ejercicio efectivo de los derechos fundamentales, así como las garantías institucionales que protegen a los ciudadanos frente al poder estatal.

Es fundamental precisar que el concepto de seguridad del Estado no debe interpretarse de forma restringida ni como sinónimo de estabilidad del Ejecutivo. Lamentablemente, algunos gobiernos tienden a utilizar este concepto de manera instrumental, reduciéndolo a la defensa de los intereses del poder constituido. En cambio, debe entenderse la seguridad del Estado en un sentido integral, como la preservación armónica de todos sus elementos estructurales: población, territorio, institucionalidad democrática y legalidad constitucional.

En este marco, resulta inadmisible que la seguridad del Estado se utilice como argumento para subordinar o vulnerar los derechos fundamentales. Bajo ninguna circunstancia puede este principio tener primacía sobre los derechos humanos, ya que la finalidad última del Estado —y de su seguridad— debe ser siempre la protección de la colectividad y de sus garantías fundamentales, conforme a los principios de un Estado Democrático de Derecho.

En definitiva, el problema de la seguridad del Estado no es una cuestión exclusiva del poder político o del aparato gubernamental, sino una preocupación que compromete a la sociedad en su conjunto. En contextos de emergencia, el ejercicio de poderes extraordinarios por parte del Estado —conforme a lo previsto en la Constitución y el Derecho Internacional— no debe orientarse a preservar los intereses particulares del gobierno de turno, ni a fortalecer el poder estatal en sí mismo, sino a proteger los derechos fundamentales de la colectividad frente a amenazas reales y concretas. No obstante, la realidad demuestra que existen excepciones lamentables, como el caso venezolano, donde tales mecanismos jurídicos han sido empleados, en ocasiones, para obstaculizar procesos de cambio democrático legítimo.

Al interior de los Estados, las crisis políticas suelen generar graves alteraciones del orden público y comprometer intereses generales esenciales. Por esa razón, muchas constituciones y leyes especiales prevén la perturbación del orden público como una de las causas habilitantes para declarar un Estado de Excepción. Sin embargo, es fundamental comprender que, en el marco de un Estado Democrático de Derecho, el orden público no puede ser entendido de forma meramente formal o represiva, sino de manera integral y garantista.

En este sentido, el orden público debe asegurar la vigencia del orden jurídico, dentro de los límites de lo lícito, garantizando el respeto de los derechos y deberes de todos los ciudadanos, y promoviendo el cumplimiento de la legalidad tanto por los gobernados como por quienes ejercen el poder. Su finalidad no es otra que la protección de los derechos esenciales del ser humano, la consolidación de los valores superiores del sistema democrático y la efectiva realización de las libertades fundamentales.

Ahora bien, conceptos como orden público, bien común, interés general, seguridad del Estado o seguridad nacional, son por naturaleza jurídicamente indeterminados.

Ello les confiere un margen de interpretación discrecional por parte del Estado, que —si bien es necesario para atender situaciones imprevistas— no puede considerarse ilimitado ni absoluto. Toda actuación en nombre de estos principios debe ajustarse a lo estrictamente indispensable, y su aplicación debe estar siempre subordinada al respeto de los derechos fundamentales de la población.

Por tanto, aunque las crisis políticas pueden afectar gravemente valores esenciales del Estado y la sociedad, y justificar ciertas limitaciones de derechos, dichas restricciones deben ser congruentes con el contenido sustancial de los derechos humanos y con los compromisos internacionales asumidos en esta materia. Bajo ninguna circunstancia pueden utilizarse como justificación válida la supresión, el desconocimiento, la desnaturalización o la restricción innecesaria de los derechos subjetivos fundamentales de la persona humana, ni siquiera por motivos imperiosos de orden público o de seguridad nacional.

Articulación de los sistemas de protección internacional y cierre del campo de aplicación

Las cuatro situaciones generales mencionadas anteriormente en relación con las crisis políticas se encuentran recogidas dentro de los principales sistemas internacionales de protección de los derechos humanos y del derecho humanitario. Específicamente, están reguladas en el marco del Derecho Internacional Humanitario, del Derecho Internacional de los Derechos Humanos (tanto en el ámbito de la ONU, la OEA y el Consejo de Europa), y en el sistema de protección de la Organización para la Seguridad y Cooperación en Europa (OSCE).

Los Convenios de Ginebra de 1949, junto con sus Protocolos adicionales de 1977, regulan expresamente las tres primeras categorías vinculadas a los conflictos armados —internacionales o no internacionales—. Por su parte, las normas del Derecho Internacional de los Derechos Humanos mantienen su aplicabilidad en todo tiempo, circunstancia y lugar, ya sea en contextos de guerra, disturbios internos, tensiones sociales o períodos de paz.

Es precisamente en estas situaciones conflictivas y excepcionales, donde se agravan los riesgos para la integridad y dignidad de la persona humana, cuando resulta más imperativo que entren en acción todos los sistemas de protección: tanto los mecanismos del derecho interno, como los del derecho internacional de los derechos humanos y, cuando corresponda, las disposiciones del derecho internacional humanitario.

Incluso en escenarios que no alcanzan la categoría de conflicto armado —como las tensiones internas o disturbios aislados— algunas normas del derecho humanitario pueden aplicarse de manera excepcional para proteger a la población civil. En este sentido, el Comité Internacional de la Cruz Roja (CICR), conforme a sus estatutos, tiene la facultad de intervenir en beneficio de las personas afectadas por tales circunstancias, especialmente aquellas detenidas o encarceladas. Entre los eventos contemplados se incluyen motines, actos esporádicos de violencia, disturbios aislados u otros fenómenos sociales que no constituyen conflictos armados en sentido estricto.

Estas situaciones, bastante comunes en la vida institucional de muchos Estados, son precisamente las que suelen motivar la declaración de Estados de Excepción y el ejercicio de poderes extraordinarios. No obstante, la valoración jurídica y política de estas circunstancias, que queda muchas veces sujeta al criterio de los órganos del poder público, ha dado lugar a prácticas cuestionables, incluyendo el uso indebido o desproporcionado de las facultades excepcionales, tanto en el plano interno como internacional.

En conclusión, todas las situaciones analizadas —crisis económicas, catástrofes naturales o de fuerza mayor, y crisis políticas— conforman el campo de aplicación legítimo de los Estados de Excepción, dentro del cual los Estados pueden ejercer facultades especiales para enfrentar amenazas reales. No obstante, tales decisiones deben estar jurídicamente fundamentadas, limitadas en el tiempo, sometidas a control institucional y orientadas exclusivamente a la superación de la emergencia conforme al marco normativo vigente.

Capítulo 4
Instituciones de excepción según el derecho comparado

A lo largo de la historia, las sociedades han dado origen a diversas instituciones jurídicas de excepción, concebidas como mecanismos extraordinarios para enfrentar situaciones de crisis que desbordan la capacidad de respuesta de los procedimientos ordinarios. Estas instituciones han surgido bajo distintas modalidades y con características específicas, afectando de manera variable los derechos y garantías fundamentales de las personas.

Su desarrollo ha sido especialmente marcado en los países de tradición liberal, donde se ha observado una constante tensión entre la necesidad de preservar el orden público y la exigencia de respetar los principios del Estado de Derecho. Estas instituciones difieren entre sí según el tipo de derechos y garantías que limitan, así como por la naturaleza y extensión de los poderes extraordinarios que otorgan a las autoridades estatales, particularmente al Poder Ejecutivo y, en muchos casos, a las fuerzas armadas.

Numerosos Estados han recurrido a estas figuras jurídicas en contextos de emergencia. Sin embargo, en múltiples ocasiones, su aplicación ha traspasado los límites constitucionales y jurídicos que las regulan, derivando en la suspensión prolongada e incluso indefinida de derechos y libertades fundamentales. Esto ha conllevado, en algunos casos, la anulación práctica de las garantías básicas de protección del ciudadano frente al poder estatal.

Se han registrado episodios en los que las medidas excepcionales fueron aplicadas sin una necesidad real, afectando a toda la población y en todo el territorio nacional, pese a que la situación de crisis estaba localizada o acotada. En otras circunstancias, se ha hecho uso de instituciones de excepción carentes de fundamento constitucional o legal, o que directamente contravienen los estándares del Derecho Constitucional, del Derecho Internacional de los Derechos Humanos, y los principios mínimos de legitimidad democrática y ética pública.

En este contexto, se presentan a continuación algunas de las instituciones de excepción más conocidas en el Derecho Comparado, las cuales han sido implementadas con frecuencia en diversas regiones, especialmente en América Latina, donde históricamente han encontrado un terreno propicio para su adopción y uso recurrente por parte de los gobiernos, muchas veces con efectos profundos sobre la institucionalidad democrática y las libertades ciudadanas.

La Ley Marcial

La Ley Marcial tiene su origen en el derecho anglosajón y es considerada una de las primeras instituciones excepcionales del Estado moderno. Su evolución histórica ha sido extensa, siendo incorporada en diversas constituciones, incluidas las francesas y la Constitución Federal de los Estados Unidos de América de 1787. Asimismo, ha encontrado espacio en múltiples legislaciones latinoamericanas, particularmente durante el siglo XIX y parte del siglo XX (Meléndez, 1997).

Dada su relevancia histórica y sus profundas implicaciones en materia de derechos humanos, la Ley Marcial merece un análisis especial. En años recientes, ha sido reconocida formalmente como institución de excepción en algunas legislaciones de América Latina, donde ha sido aplicada con frecuencia en contextos de graves perturbaciones del orden público, insurrecciones o conflictos armados. En no pocos casos, ha sido erróneamente equiparada al "toque de queda", debido a sus efectos directos sobre la libertad de circulación y el derecho de reunión de los ciudadanos.

La implementación de la Ley Marcial suele implicar una alteración sustancial del orden constitucional, con restricciones severas a los derechos fundamentales y a las garantías jurídicas de protección individual. Generalmente, se limita la circulación de personas dentro de amplias zonas del territorio nacional, estableciendo franjas horarias estrictas cuya transgresión puede dar lugar a sanciones desproporcionadas o arbitrarias, incluyendo, en casos extremos, ejecuciones sumarias o actos de violencia física por parte de la autoridad militar.

Lo más preocupante de estas medidas es que, al amparo de la Ley Marcial, los actos represivos suelen quedar en la impunidad, dado que las autoridades judiciales ordinarias pierden competencia efectiva para sancionar a los responsables. En este marco, se instala una jurisdicción militar que desplaza a la jurisdicción civil, lo que constituye uno de los rasgos más alarmantes y distintivos de esta institución.

La concentración de poder en manos de las autoridades militares, sin mecanismos efectivos de control o rendición de cuentas, convierte a la Ley Marcial en un instrumento de suspensión total o excesiva de derechos, frecuentemente más allá de lo estrictamente necesario. Entre los derechos más afectados se encuentran:

- La libertad de expresión y de prensa, que es prácticamente anulada a través de mecanismos de censura previa y control de los medios de comunicación por parte del Estado. En muchas ocasiones, se prohíbe incluso la difusión de noticias sin relación alguna con la situación de emergencia, como las de carácter internacional o de la vida civil ordinaria.
- La libertad de reunión, también severamente restringida, al prohibirse todo tipo de congregaciones, independientemente de su naturaleza —social, religiosa,

deportiva o cultural—. Con frecuencia, se establece la obligación de obtener autorización previa de la autoridad militar, lo que constituye una violación directa a los principios de libertad de asociación en tiempos normales.

Este conjunto de restricciones convierte a la Ley Marcial en una de las formas más radicales de institución de excepción, cuyo uso indiscriminado o prolongado supone una amenaza directa al Estado de Derecho y a la democracia, especialmente en contextos donde los poderes civiles se ven subordinados al control militar.

Las garantías del debido proceso también resultan profundamente afectadas bajo el régimen de la Ley Marcial. Derechos fundamentales como la asistencia letrada, el derecho a la defensa, la protección contra la incomunicación, el derecho a aportar pruebas en sede judicial, y el derecho a ser juzgado por tribunales competentes, independientes e imparciales, se ven severamente restringidos, alterando el principio básico de la justicia procesal.

En estos contextos, suele observarse una inversión de la carga de la prueba, que socava el principio de presunción de inocencia, trasladando al acusado la obligación de probar su inocencia, en abierta contradicción con las garantías del Estado de Derecho. Además, la Ley Marcial ha sido históricamente asociada a prácticas como la desaparición forzada de personas, la tortura y los tratos crueles, inhumanos o degradantes, aplicados particularmente a detenidos vinculados a los hechos excepcionales.

Desde esta perspectiva, la Ley Marcial, concebida como una herramienta sin controles efectivos y ejercida al margen del Derecho, representa en la actualidad una grave amenaza para los derechos humanos fundamentales y sus garantías de protección. Este peligro es aún más evidente si se considera el progreso alcanzado en el ámbito del Derecho Internacional de los Derechos Humanos, que impone límites jurídicos concretos a la actuación soberana de los Estados en situaciones de excepción, estableciendo un marco normativo que debe ser respetado incluso en contextos extraordinarios.

La Ley Marcial, tal como ha sido aplicada en muchos países, restringe no solo derechos y garantías derogables, sino también derechos inderogables, transgrediendo abiertamente lo permitido por las normas y principios del Derecho Internacional convencional. Es por ello que una parte importante de la doctrina rechaza su validez jurídica como institución legítima de excepción.

Autores como *Carl Schmitt* (1968) han definido la Ley Marcial como una situación ajurídica, en la que el Ejecutivo —representado en este caso por la autoridad militar interventora— actúa prescindiendo de cualquier barrera legal, amparado en las exigencias de la situación y orientado exclusivamente a la represión del adversario. Esta interpretación extrema revela el carácter esencialmente autoritario y antijurídico de esta institución.

En consecuencia, bajo ninguna circunstancia puede sostenerse que el Poder Ejecutivo o la autoridad militar se encuentran investidos de facultades ilimitadas para suprimir derechos fundamentales o vulnerar garantías inderogables sin incurrir en responsabilidad jurídica, tanto a nivel interno como internacional.

Las medidas adoptadas bajo la Ley Marcial deben estar estrictamente sujetas a las exigencias del Derecho Internacional contemporáneo, en especial al Derecho Internacional de los Derechos Humanos y, cuando corresponda, al Derecho Internacional Humanitario. Asimismo, deben respetar las disposiciones constitucionales del país donde se aplican, exigiéndose una adecuación legislativa progresiva que armonice la normativa nacional con los estándares del Derecho Internacional convencional.

Si bien las situaciones extremas pueden justificar el uso de medidas extraordinarias, estas nunca deben transgredir los límites establecidos por los principios jurídicos del sistema internacional de protección de derechos humanos. En todo caso, las medidas adoptadas deben estar previstas claramente en la legislación vigente, y deben someterse en todo momento a controles judiciales y parlamentarios eficaces, así como a mecanismos de supervisión internacional, con el fin de evitar el abuso del poder y garantizar la primacía de los derechos humanos incluso en los escenarios más críticos.

Los Estados tienen también la obligación de atender a los criterios jurisprudenciales, las sentencias y opiniones consultivas emitidas por tribunales nacionales e internacionales competentes en materia de derechos humanos, así como a las resoluciones adoptadas por organismos intergubernamentales, que constituyen fuentes interpretativas relevantes para la aplicación adecuada del Derecho Internacional convencional.

En consecuencia, instituciones como la Ley Marcial, que afectan de forma sustantiva los derechos, libertades y garantías judiciales fundamentales, deben estar estrictamente regladas y sometidas a controles legales efectivos, tanto a nivel interno como internacional, que garanticen su compatibilidad con los estándares internacionales en materia de derechos humanos.

Por todo ello, la Ley Marcial no se encuentra legitimada como institución de excepción válida bajo el marco del Derecho Internacional convencional, y los Estados deben, en consecuencia, erradicar su vigencia jurídica dentro de sus ordenamientos o, al menos, adecuar su regulación legislativa conforme a los principios y normas establecidos por los tratados y convenios internacionales en materia de protección de los derechos humanos (Meléndez, 1997)

Los *Plenos Poderes*

Otra figura relevante dentro del derecho comparado en materia de excepción es la institución de los Plenos Poderes, la cual comparte ciertos rasgos con la Ley Marcial y tuvo su origen en el siglo XVIII. Esta institución, propia de regímenes de corte presidencialista, fue concebida para habilitar al Poder Ejecutivo —particularmente al Presidente de la República— a ejercer facultades extraordinarias ante situaciones de crisis (Meléndez, 1997).

Su implementación se consolidó especialmente durante la Primera Guerra Mundial, cuando varios países adoptaron esta figura como mecanismo de emergencia frente a escenarios de conflicto armado o graves amenazas a la seguridad nacional, lo que sugiere su vinculación directa con situaciones de perturbación extrema del orden político, militar o institucional.

Los Plenos Poderes implican una alteración sustantiva del equilibrio entre los poderes públicos, al permitir una concentración total de funciones en manos del Ejecutivo. En este contexto, el Presidente asume competencias legislativas, administrativas y, en algunos casos, incluso jurisdiccionales, ejerciendo una autoridad que desborda las atribuciones que normalmente le confiere la Constitución.

Según diversos autores, la concentración de poder en la figura presidencial bajo esta institución no tiene parangón con ninguna otra figura de excepción, pues el Ejecutivo se encuentra investido de una suma de poderes que contraviene los principios fundamentales del constitucionalismo democrático (Meléndez, 1997).

Desde esta perspectiva, los Plenos Poderes suponen una sustitución práctica del Derecho y una delegación inconstitucional de competencias en favor de una sola persona o instancia de poder. No solo se habilita al Presidente para suspender derechos y garantías expresamente previstos en la Constitución, sino que además se le otorga la posibilidad de intervenir de manera general en las relaciones jurídicas ordinarias, modificando el contenido y aplicación de las leyes según su interpretación unilateral.

Esta facultad discrecional tan amplia ha derivado, en múltiples contextos, en violaciones sistemáticas de derechos fundamentales, así como en la consolidación de esquemas de poder autoritario bajo la apariencia de legalidad. En efecto, el uso de los Plenos Poderes ha servido históricamente como instrumento para debilitar la división de poderes, restringir libertades públicas y ampliar el margen de actuación del Ejecutivo sin controles efectivos.

El *Estado de Sitio*

El Estado de Sitio es una de las instituciones de excepción más ampliamente conocidas y utilizadas en el mundo moderno, particularmente en América Latina, donde ha sido regulada por diversas legislaciones nacionales. Su origen se remonta a la legislación francesa del siglo XVIII, y algunos autores lo han identificado con figuras como el estado de asamblea, el estado de guerra o el estado de excepción militar.

El jurista *Manuel* García Pelayo (1957) define al Estado de Sitio —también llamado estado de guerra— como una institución jurídica previamente establecida, cuyo objeto es restablecer la paz pública y, con ella, el imperio de la ley. Se caracteriza, según esta visión, por el reforzamiento del Poder Ejecutivo, que se traduce en la transferencia de competencias desde la autoridad civil hacia la autoridad militar, acompañada de la suspensión de determinados derechos individuales y el ensanchamiento del margen de actuación de las fuerzas armadas.

En la actualidad, múltiples normas constitucionales y legislaciones especiales de excepción reconocen y regulan el Estado de Sitio como parte del arsenal jurídico disponible frente a situaciones de crisis. Generalmente, corresponde al Poder Legislativo decretarlo formalmente, aunque en algunos países esta facultad también puede ser ejercida por el Poder Ejecutivo o el Presidente de la República. Una vez declarado, su aplicación conlleva la suspensión inmediata de ciertos derechos fundamentales, libertades individuales y garantías procesales.

El Estado de Sitio suele dar lugar a la intervención directa de las Fuerzas Armadas y, en algunos casos, a la creación de tribunales militares especiales, encargados de juzgar a personas civiles por delitos relacionados con la situación de emergencia, en aplicación de legislación militar. Esta práctica es especialmente cuestionable desde la perspectiva del Derecho Internacional de los Derechos Humanos. En América Latina, el Estado de Sitio está consagrado constitucionalmente en países como Argentina, Bolivia, Brasil, Guatemala, Paraguay, Perú y República Dominicana.

En muchos de estos casos, el Estado de Sitio debilita los controles parlamentarios y judiciales, genera un traspaso de funciones legislativas al Ejecutivo, y suele estar acompañado por medidas propias de la Ley Marcial, como el toque de queda. Estas prácticas, aunque normativamente aceptadas en algunas constituciones, suelen trascender los límites permitidos por el Derecho Internacional, especialmente cuando se recurre a jurisdicción militar sobre civiles o se restringen derechos inderogables, cuya suspensión está prohibida incluso en contextos de emergencia.

Aunque su declaración suele estar justificada ante amenazas graves a la soberanía, la independencia o la integridad territorial de los Estados, así como frente a insurrecciones, alteraciones extremas del orden constitucional o actos de violencia incontenible, ello no habilita al Estado para suspender indiscriminadamente los derechos fundamentales. La suspensión debe limitarse a aquellos derechos cuyo ejercicio obstaculice directamente la superación de la crisis, y debe observar el principio de necesidad y proporcionalidad.

Por tanto, ninguna amenaza, por grave que sea, justifica la violación de derechos inderogables, ni la suspensión de derechos cuya restricción no resulte estrictamente indispensable. En consecuencia, los Estados deben cumplir de forma estricta con los requerimientos del Derecho Internacional convencional al decretar un Estado de Sitio y al implementar las medidas asociadas a esta figura de excepción (Meléndez, 1997).

El *Estado de Guerra*

El Estado de Guerra es una figura excepcional del Derecho, cuyo origen se remonta a la tradición jurídica francesa, donde fue concebida como una modalidad agravada del Estado de Sitio. No obstante, esta institución no ha recibido un tratamiento jurídico uniforme por parte de los distintos Estados, especialmente en América Latina, donde su reconocimiento y aplicación ha sido disperso y heterogéneo. En varios contextos, ha sido equiparada al Estado de Sitio, particularmente debido a que ambos se aplican en circunstancias de conflicto armado (Meléndez, 1997).

La declaración de un Estado de Guerra implica una transferencia del poder civil a la autoridad militar, que asume la conducción de las principales funciones del Estado, incluyendo en algunos casos la facultad legislativa. Bajo esta figura, los tribunales ordinarios son desplazados por tribunales militares, lo que suprime de facto cualquier posibilidad de control judicial sobre las decisiones adoptadas durante el período excepcional. Esta concentración del poder en manos del estamento militar anula el control jurisdiccional y debilita gravemente el sistema de garantías del Estado de Derecho.

Los tribunales militares que operan bajo el Estado de Guerra, en algunos casos, asumen competencias para conocer y juzgar crímenes de guerra y crímenes de lesa humanidad, tales como asesinatos masivos de civiles, ejecuciones de prisioneros de guerra y rehenes, así como la destrucción deliberada de centros urbanos o núcleos poblacionales. Este tipo de crímenes, tipificados en el Derecho Internacional Humanitario, deben ser objeto de investigación y sanción conforme a estándares internacionales, por lo que su juzgamiento en jurisdicción militar nacional puede constituir una vulneración al principio de justicia independiente e imparcial.

En América Latina, las constituciones de Brasil, Colombia, Chile y Guatemala reconocen explícitamente la figura del Estado de Guerra como una categoría autónoma dentro del sistema de instituciones excepcionales. Por el contrario, en otras constituciones de la región, esta figura ha sido absorbida o subsumida dentro de modalidades más amplias de excepción, como el Estado de Sitio o el Estado de Emergencia.

La suspensión de garantías constitucionales

La Suspensión de Garantías Constitucionales constituye una figura jurídica ampliamente reconocida en el derecho comparado, incorporada en numerosas legislaciones contemporáneas. Su aplicación implica la restricción o limitación temporal del ejercicio de ciertos derechos, libertades y garantías individuales, bajo el argumento de preservar las instituciones fundamentales del Estado y de proteger a los poderes públicos frente a perturbaciones del orden interno o amenazas externas.

Esta medida está destinada a salvaguardar tanto la seguridad interna como la seguridad externa del Estado, y confiere al Poder Ejecutivo —por lo general— la facultad de suspender temporalmente la vigencia de determinados preceptos constitucionales, especialmente aquellos vinculados a la protección de derechos fundamentales y libertades públicas.

La aplicación de esta figura conlleva un reforzamiento del poder del Ejecutivo, no solo en su dimensión civil sino también militar. A diferencia de otras instituciones excepcionales más estructuradas, la Suspensión de Garantías no requiere necesariamente de una ley especial de excepción, salvo en los casos en que dicha suspensión afecte garantías procesales esenciales, como el derecho de defensa o el derecho a la libertad personal de las personas detenidas por motivos políticos o de seguridad.

En estos casos, cualquier restricción que comprometa el debido proceso deberá estar regulada por legislación especial, y dicha normativa deberá ajustarse estrictamente a los principios y requisitos establecidos en la Constitución y en el Derecho Internacional convencional en materia de derechos humanos.

Entre los derechos más comúnmente afectados por esta figura se encuentran:

- El derecho a la libre circulación dentro del territorio nacional.
- El derecho a entrar y salir del país sin restricciones indebidas.
- La libertad de opinión, expresión y prensa.
- La libertad de reunión y manifestación pública.
- La libertad de asociación.
- El derecho a la inviolabilidad de la correspondencia y a la no intervención de las comunicaciones privadas.
- El derecho a la inviolabilidad del domicilio.

Cuando se trata de restricciones que afectan garantías judiciales, particularmente aquellas relacionadas con el proceso penal, se requiere una regulación especial que defina con claridad el alcance y límites de dicha suspensión. En este sentido, las garantías procesales comúnmente restringidas incluyen:

- El derecho del detenido a ser informado inmediata y claramente de sus derechos y de las razones de su detención.
- El derecho a asistencia letrada desde el inicio de la detención.
- El derecho a ejercer una defensa técnica dentro de los plazos legales establecidos.
- El derecho a ser presentado ante un juez competente dentro del tiempo previsto por la ley (Meléndez, 1997).

En suma, la Suspensión de Garantías Constitucionales implica una limitación temporal del ejercicio de derechos individuales y libertades públicas, así como de aquellos derechos que funcionan como límites al poder estatal, especialmente al poder del Ejecutivo. En la actualidad, esta institución está incorporada en los textos constitucionales de países como El Salvador, Costa Rica, Honduras, Panamá y la República Dominicana.

El estado de emergencia legislativa o de necesidad legislativa

El Estado de Emergencia Legislativa —también conocido como Estado de Necesidad Legislativa— es una institución de excepción reconocida en el ordenamiento jurídico de la República Federal de Alemania. Esta figura permite al Presidente Federal, a solicitud del Gobierno y con el consentimiento del Consejo Federal (Bundesrat), declarar un estado de emergencia legislativa en los casos en que un proyecto de ley calificado como urgente por el Ejecutivo sea rechazado por el Parlamento Federal (Meléndez, 1997).

Esta medida no implica la suspensión, modificación ni invalidación total o parcial de la Ley Fundamental (*Grundgesetz*), aun cuando el Parlamento insista en rechazar el proyecto o lo apruebe en una versión que el Gobierno Federal considere inaceptable. Se trata, más bien, de un mecanismo institucional para sortear bloqueos legislativos en circunstancias críticas, sin romper con el marco constitucional vigente.

Con la reforma constitucional de 1968, esta figura fue complementada por dos nuevas modalidades del estado de emergencia en Alemania:

a) **Estado de necesidad interno**, aplicable en situaciones excepcionales provocadas por desastres naturales, catástrofes, o amenazas graves de orden político que comprometan la estabilidad del Estado.
b) **Estado de necesidad externo**, procedente en casos de agresión armada del exterior, así como en situaciones de amenaza internacional que afecten la seguridad interna del país.

Ambas modalidades amplían el espectro del estado de emergencia en Alemania, pero lo hacen dentro de los límites democráticos y constitucionales, garantizando el respeto de los derechos fundamentales y la separación de poderes incluso en contextos críticos.

El *Estado de Excepción Civil*

El Estado de Excepción Civil es una institución estrechamente vinculada a las graves alteraciones del orden público de carácter civil, particularmente aquellas que afectan el ejercicio pleno de los derechos y libertades constitucionales en el marco de la convivencia democrática y la prestación de servicios públicos esenciales. Su aplicación suele estar asociada a disfunciones severas en el funcionamiento normal de las instituciones democráticas (Meléndez, 1997).

La entrada en vigor de esta figura supone habitualmente la restricción de derechos y garantías individuales, incluyendo, entre otros:

- La libertad de expresión y de prensa.
- El derecho a la inviolabilidad del domicilio.
- El derecho a la inviolabilidad de la correspondencia y a la no intervención de las comunicaciones privadas.
- La libertad de tránsito.
- La libertad de reunión y asociación.
- Y diversas garantías judiciales, especialmente aquellas que amparan a personas detenidas en el contexto de los hechos que motivaron la declaración del estado de excepción.

Adicionalmente, este tipo de régimen suele venir acompañado de medidas gubernativas extraordinarias que pueden vulnerar otros derechos fundamentales. Entre las más comunes se encuentran:

- La prohibición del derecho a huelga, incluso en sectores no estratégicos.
- La intervención estatal en industrias o comercios privados, bajo el alegato de garantizar la continuidad de los servicios públicos.
- La suspensión del cargo de funcionarios públicos, cuando su conducta es percibida como una amenaza al orden o a la estabilidad institucional.

En su conjunto, el Estado de Excepción Civil refleja una modalidad de excepción más centrada en el ámbito civil y social, sin la intervención militar directa que caracteriza otras figuras como el estado de sitio o la ley marcial, pero que no por ello resulta menos lesiva para el ejercicio efectivo de los derechos humanos, especialmente si se aplica sin los debidos controles jurídicos y parlamentarios.

EL *Estado de Alarma*

El Estado de Alarma es una figura jurídica de excepción que, a diferencia de otras instituciones centradas en crisis políticas o conflictos armados, se activa ante acontecimientos de naturaleza distinta, como los provocados por desastres naturales o emergencias derivadas de la acción humana accidental. Entre estos eventos se incluyen catástrofes naturales como terremotos, inundaciones, incendios urbanos o forestales de gran magnitud; así como crisis sanitarias, epidemias, contaminación ambiental grave, desabastecimiento de productos esenciales y paralización de servicios públicos fundamentales (Meléndez, 1997).

La declaración de un Estado de Alarma puede implicar la suspensión temporal de determinados derechos individuales, tales como la libertad de circulación, la libertad de expresión y otras libertades fundamentales. El objetivo principal de estas restricciones es restablecer el orden público alterado por la emergencia en cuestión.

Entre las medidas excepcionales que suelen adoptarse en este contexto se encuentran:

- Requisa temporal de bienes.
- Prestaciones personales obligatorias.
- Intervención u ocupación transitoria de industrias, fábricas o talleres.
- Racionamiento de servicios públicos o de artículos de primera necesidad.
- Otras medidas análogas que resulten imprescindibles para restaurar la normalidad.

Estas disposiciones, en la mayoría de los casos, tienen alcance limitado y vigencia breve, dado que su activación responde a situaciones específicas y transitorias.

Es importante señalar que algunas legislaciones no diferencian expresamente el Estado de Alarma de otras instituciones de excepción, incorporándolo de manera general dentro de figuras más amplias, que abarcan tanto crisis naturales como humanas.

Finalmente, cabe mencionar la existencia de otras modalidades de excepción, menos sistematizadas pero igualmente relevantes en el derecho comparado, tales como: el Estado de Peligro Público, Estado de Emergencia Pública, Estado de Conmoción Interior, Estado de Calamidad Pública, Estado de Urgencia, Estado de Prevención, Estado de Perturbación del Orden Público, Régimen Especial de Conducta Ciudadana, Situación Especial, Medidas Prontas de Seguridad y Poderes Especiales. Estas figuras presentan características específicas según cada sistema constitucional, y reflejan el esfuerzo de los Estados por dotarse de mecanismos jurídicos flexibles ante escenarios excepcionales.

Conclusión

El análisis del derecho comparado evidencia la diversidad y complejidad de las instituciones de excepción adoptadas por los Estados para enfrentar situaciones extraordinarias. Desde figuras ampliamente conocidas como la Ley Marcial, el Estado de Sitio o el Estado de Emergencia, hasta modelos más específicos como el Estado de Alarma, los Plenos Poderes o la Suspensión de Garantías Constitucionales, estas instituciones reflejan las distintas formas en que el poder político ha intentado responder jurídicamente a crisis que desbordan la normalidad constitucional.

No obstante, esta diversidad también pone de relieve los riesgos inherentes al uso excesivo o arbitrario de estos mecanismos, especialmente cuando no existen límites claros, controles efectivos ni ajustes normativos que los alineen con los principios del Derecho Internacional de los Derechos Humanos. El uso abusivo o prolongado de estas instituciones ha derivado en numerosas ocasiones en la consolidación de regímenes autoritarios, la suspensión indefinida de derechos fundamentales y la erosión del Estado de Derecho.

Por ello, resulta imperativo que cualquier institución de excepción:

1. Esté claramente regulada en el marco jurídico interno.
2. Sea proporcional y temporal en su aplicación.
3. Esté sujeta a controles judiciales, parlamentarios e internacionales.
4. Respete de forma estricta los derechos inderogables y las normas imperativas del Derecho Internacional.

Solo bajo estas condiciones será posible armonizar la necesidad estatal de responder a situaciones críticas con la obligación de proteger y garantizar los derechos fundamentales, aún en contextos de emergencia.

Capítulo 5
El marco legal y la implementación de los Estados de Excepción en Venezuela (2015- 2025)

En Venezuela, el artículo 337 de la Constitución de la República Bolivariana de Venezuela establece las bases jurídicas para la declaración de los Estados de Excepción, definidos como aquellos motivados por "circunstancias de orden social, económico, político, natural o ecológico que afecten gravemente la seguridad de la Nación, de las instituciones y de los ciudadanos y ciudadanas...". Este precepto constitucional también señala que tales circunstancias deben exceder las facultades ordinarias del Presidente de la República, tanto en su dimensión constitucional como legal.

El artículo mencionado permite la restricción temporal de garantías constitucionales, con la excepción expresa de los siguientes derechos: el derecho a la vida, la prohibición de incomunicación o tortura, el derecho al debido proceso, el derecho a la información, así como los demás derechos humanos intangibles, de conformidad con el Derecho Internacional de los Derechos Humanos.

La Ley Orgánica sobre Estados de Excepción (LOEE) desarrolla en mayor detalle las condiciones, tipos y procedimientos para declarar estos regímenes especiales. Dicha ley contempla cuatro modalidades:

- Estado de Alarma,
- Emergencia Económica,
- Conmoción Interior, y
- Conmoción Exterior.

Según lo previsto en la LOEE, la declaratoria de un Estado de Excepción debe realizarse mediante decreto del Presidente de la República en Consejo de Ministros, el cual debe ser sometido a la consideración de la Asamblea Nacional para su aprobación en un lapso establecido. Aquí se observa una discrepancia relevante: mientras que el artículo 337 constitucional establece un procedimiento de control parlamentario, el artículo 27 de la LOEE menciona un plazo de 48 horas para la remisión del decreto al órgano legislativo, en contraste con el plazo de ocho días indicado en otros apartados legales. Asimismo, la duración máxima y posibilidad de prórrogas dependen del tipo específico de Estado de Excepción decretado.

Desde el año 2015, el Ejecutivo Nacional ha recurrido con regularidad a este mecanismo constitucional mediante la emisión de numerosos decretos, especialmente en el marco de la llamada Emergencia Económica. Entre los más significativos se encuentran:

- El **Decreto No. 2.184**, publicado en la Gaceta Oficial Extraordinaria No. 6.214 del 14 de enero de 2016, que declaró el Estado de Emergencia Económica en todo el territorio nacional.
- El **Decreto No. 2.323**, publicado en la Gaceta Oficial Extraordinaria No. 6.227 del 13 de mayo de 2016, que declaró el Estado de Excepción y de Emergencia Económica, ampliando los alcances del decreto anterior.

Estos y otros decretos posteriores, junto con sus numerosas prórrogas, han sido justificados por el Ejecutivo en razón de la crisis económica, supuestas amenazas externas, injerencia internacional y riesgos a la seguridad nacional.

No obstante, la Asamblea Nacional, en ejercicio de sus funciones de control político y legislativo, desaprobó varios de estos decretos, incluyendo el Decreto No. 2.184. Pese a ello, el Tribunal Supremo de Justicia (TSJ) ha desempeñado un papel determinante en la validación sistemática de las decisiones del Ejecutivo, emitiendo sentencias que han respaldado la constitucionalidad de los decretos, aun en contextos de desacuerdo con el Poder Legislativo.

Esta dinámica institucional ha generado profundas preocupaciones en torno a la separación de poderes, al funcionamiento del sistema de frenos y contrapesos, y a la efectividad de los mecanismos de control democrático en Venezuela.

En consecuencia, el uso recurrente y prolongado de los Estados de Excepción y de Emergencia Económica desde 2015 ha generado cuestionamientos sobre una posible erosión del Estado de Derecho, en la medida en que las medidas excepcionales parecen haberse convertido en una práctica ordinaria, obviando los procedimientos constitucionales regulares y debilitando la institucionalidad democrática.

Las justificaciones oficiales, centradas en amenazas externas y factores de oposición interna, han sido interpretadas por amplios sectores como un intento de desviar la atención de los errores estructurales en materia de gobernanza, políticas públicas y gestión económica.

Capítulo 6
Impacto en la protección internacional de los derechos fundamentales en Venezuela

Diversas organizaciones internacionales de derechos humanos han documentado con preocupación el impacto profundo y sistemático de los Estados de Excepción y de Emergencia Económica sobre la protección de los derechos fundamentales en Venezuela. Informes elaborados por entidades como Human *Rights Watch,* Amnistía Internacional, la Oficina del Alto Comisionado de las Naciones Unidas para los Derechos Humanos (ACNUDH) y la Comisión Interamericana de Derechos Humanos (CIDH) coinciden en señalar graves restricciones a las libertades de expresión, reunión y asociación en el país.

Entre las principales denuncias se encuentran los arrestos y detenciones arbitrarias de dirigentes opositores, manifestantes y defensores de derechos humanos, frecuentemente llevados a cabo sin las debidas garantías procesales. Estos hechos han sido acompañados por informes creíbles de tortura, así como de tratos crueles, inhumanos o degradantes, cometidos contra personas privadas de libertad.

Una de las situaciones más alarmantes ha sido la relacionada con la ejecución extrajudicial y el uso excesivo de la fuerza por parte de cuerpos de seguridad del Estado, en particular durante operativos como la denominada "Operación Liberación del Pueblo", ampliamente documentada por organizaciones nacionales e internacionales. Estas violaciones han sido facilitadas, entre otros factores, por la falta de independencia del poder judicial, lo cual ha contribuido a altos niveles de impunidad.

En lo que respecta a los derechos económicos, sociales y culturales (DESC), el país ha experimentado un deterioro estructural sostenido. Informes especializados han advertido sobre una crisis alimentaria, acompañada de altos índices de desnutrición y situaciones de inseguridad alimentaria severa. Al mismo tiempo, el colapso del sistema público de salud ha generado una escasez crítica de medicamentos, insumos médicos y personal especializado, afectando gravemente el derecho a la salud.

El derecho a la educación y el derecho al trabajo también han sido impactados por la crisis generalizada, agravada por las medidas adoptadas bajo los Estados de Excepción, las cuales han limitado el acceso, la continuidad y la calidad de estos derechos básicos.

A pesar de las disposiciones constitucionales que prohíben la suspensión de derechos inderogables incluso en períodos de excepción, el entorno generado por estas medidas ha contribuido a un debilitamiento progresivo del marco de protección de derechos humanos, tanto en su dimensión civil y política como en la económica y social.

La abundante documentación internacional sobre violaciones de derechos humanos en Venezuela durante el período comprendido entre 2015 y el presente permite establecer una relación causal directa o al menos una correlación significativa entre el uso prolongado de poderes extraordinarios y el deterioro generalizado de derechos fundamentales.

En términos generales, los poderes excepcionales conferidos al Ejecutivo parecen haber sido aplicados de forma que ha comprometido seriamente el Estado de Derecho. La orientación predominante hacia el control político, la estabilidad institucional y la gestión de la escasez, ha derivado en el descuido —intencional o no— de la garantía efectiva de los derechos humanos, especialmente en lo relativo a la protección social de los sectores más vulnerables de la población.

Capítulo 7
Consecuencias sociales y económicas en la frontera Colombo-Venezolana (Norte de Santander-Táchira)

La región fronteriza entre Norte de Santander (Colombia) y Táchira (Venezuela) ha sido profundamente impactada por las medidas excepcionales adoptadas por el gobierno venezolano a partir de 2015, en particular los Estados de Excepción y la declaratoria de Emergencia Económica. Estas disposiciones generaron alteraciones sustanciales en la dinámica social y económica de la zona, afectando directamente la cotidianidad de las comunidades que históricamente han coexistido a través de una intensa interacción binacional.

Uno de los principales efectos fue la disrupción del comercio transfronterizo tradicional, así como de la economía informal, que representaba un sustento vital para numerosos habitantes de la frontera. Los cierres unilaterales del paso fronterizo, las restricciones de movilidad y las medidas de control militar instauradas por Venezuela afectaron severamente los medios de vida de miles de personas, tanto del lado venezolano como del colombiano.

Se registraron interrupciones en el suministro de bienes esenciales, incluyendo alimentos, combustibles y medicamentos, lo que a su vez incentivó el aumento del contrabando y la consolidación de circuitos ilícitos como mecanismos alternativos de subsistencia. Este fenómeno exacerbó la precariedad y la inseguridad en la zona.

Uno de los episodios más críticos fue la deportación masiva de ciudadanos colombianos desde territorio venezolano, lo cual provocó un desplazamiento forzoso de miles de personas hacia Colombia. Este desplazamiento generó una crisis humanitaria inmediata en el lado colombiano, caracterizada por deficiencias en albergue, alimentación, atención médica y reunificación familiar. Los lazos sociales y redes comunitarias que existían a ambos lados de la frontera fueron drásticamente debilitados.

Numerosas organizaciones internacionales denunciaron la violación de derechos humanos durante los operativos de seguridad ejecutados por las fuerzas venezolanas, incluyendo uso excesivo de la fuerza, detenciones arbitrarias, destrucción de bienes personales y separación familiar. Asimismo, se reportaron irregularidades procesales en los procedimientos de deportación, señalando la ausencia de garantías judiciales y la vulneración del principio de no devolución.

En respuesta a la emergencia, el gobierno colombiano declaró a su vez un Estado de Emergencia Económica, Social y Ecológica en parte de su territorio fronterizo, y adoptó medidas para atender la crisis humanitaria. No obstante, también enfrentó serios desafíos institucionales y logísticos para brindar una respuesta efectiva ante el rápido flujo de deportados y desplazados.

En términos generales, las medidas excepcionales decretadas por el Estado venezolano en la frontera produjeron un impacto devastador en las condiciones de vida de las comunidades locales, quebrando vínculos económicos y sociales de larga data. Si bien la justificación oficial se centró en el combate al paramilitarismo y al contrabando de extracción, la implementación de estas políticas parece haber ignorado las obligaciones internacionales en materia de derechos humanos, provocando afectaciones masivas a la población civil y profundizando la ya crítica situación humanitaria de la región.

Conclusión

Las consecuencias de los Estados de Excepción y de Emergencia Económica en la región fronteriza Norte de Santander – Táchira evidencian el profundo impacto humano, social y económico que puede derivarse de la implementación desproporcionada y prolongada de medidas excepcionales. Lo ocurrido en esta zona fronteriza no solo alteró el equilibrio tradicional entre dos comunidades históricamente integradas, sino que también provocó una crisis humanitaria binacional, cuyas secuelas aún persisten.

La respuesta estatal venezolana, justificada formalmente en la lucha contra amenazas como el contrabando o el paramilitarismo, generó en la práctica violaciones sistemáticas a los derechos fundamentales, afectando a poblaciones vulnerables sin un marco de protección efectivo. Las denuncias sobre deportaciones arbitrarias, violencia institucional, separación de familias y afectación a la economía local confirman un patrón de actuación estatal que priorizó el control territorial por encima del respeto a la dignidad humana.

Asimismo, las dificultades enfrentadas por el Estado colombiano para atender el éxodo forzado de sus connacionales ponen de relieve la necesidad de mecanismos de cooperación regional y la intervención oportuna de organismos internacionales, cuando las medidas de excepción generan desplazamientos masivos y deterioro de derechos humanos.

Este análisis fronterizo aporta evidencia concreta sobre cómo, en contextos de crisis, la aplicación de medidas extraordinarias sin controles efectivos ni enfoque humanitario puede profundizar las vulnerabilidades sociales, romper estructuras comunitarias históricas y reproducir dinámicas de exclusión y violencia a gran escala. Por ello, resulta imperativo revisar los límites jurídicos, éticos y humanitarios de los Estados de Excepción, en especial en zonas geopolíticamente sensibles como las fronteras.

Capítulo 8
Análisis de los principios de derecho internacional aplicables en el contexto venezolano

La implementación y prolongación de los Estados de Excepción y de Emergencia Económica en Venezuela debe examinarse rigurosamente a la luz de los principios fundamentales del Derecho Internacional, especialmente aquellos consagrados en el Derecho Internacional de los Derechos Humanos y, en su caso, en el Derecho Internacional Humanitario.

1. Principio de necesidad

Este principio establece que las medidas extraordinarias solo pueden adoptarse en presencia de una amenaza real, grave e inminente que no pueda ser gestionada por medios ordinarios dentro del marco legal y constitucional. La excepción debe ser la última ratio y no un mecanismo ordinario de gestión gubernamental.

2. Principio de proporcionalidad

Toda medida adoptada durante un estado de excepción debe ser estrictamente proporcional al riesgo que se busca mitigar. Esto implica una evaluación continua del alcance, duración y severidad de las restricciones impuestas, asegurando que no excedan lo estrictamente indispensable para restablecer la normalidad.

3. Principio de no discriminación

La aplicación de medidas de excepción no puede dar lugar a discriminaciones arbitrarias por motivos de raza, etnia, sexo, idioma, religión, opinión política, origen nacional o social, ni por ninguna otra condición prohibida por el derecho internacional. El respeto a este principio es esencial para preservar la legitimidad de las medidas adoptadas.

4. Principio de no derogación

Existen derechos que, por su naturaleza inderogable, no pueden ser suspendidos bajo ninguna circunstancia, incluso durante un estado de excepción. Entre estos derechos se encuentran el derecho a la vida, la prohibición de la tortura y otros tratos crueles, inhumanos o degradantes, la prohibición de la esclavitud, el principio de legalidad penal y el reconocimiento de la personalidad jurídica, entre otros.

5. Principio de publicidad y notificación internacional

Los Estados tienen la obligación de proclamar oficialmente la declaración del estado de excepción y, además, deben notificar formalmente a los órganos competentes del sistema internacional (como el Secretario General de la ONU y la Secretaría General de la OEA) sobre las medidas adoptadas, su justificación y duración, conforme a lo establecido en el artículo 4 del Pacto Internacional de Derechos Civiles y Políticos y el artículo 27 de la Convención Americana sobre Derechos Humanos.

Evaluación crítica del caso venezolano

A la luz de los principios anteriormente expuestos, la evidencia recopilada y analizada en los capítulos precedentes sugiere que la implementación de los Estados de Excepción y la Emergencia Económica por parte del gobierno venezolano no ha observado de forma estricta estos estándares internacionales. De manera particular, se evidencian violaciones sistemáticas al principio de proporcionalidad y al principio de no derogación, dado el carácter masivo, recurrente y grave de las restricciones impuestas a los derechos humanos.

Los numerosos reportes de detenciones arbitrarias, uso excesivo de la fuerza, torturas, ejecuciones extrajudiciales y represión a la disidencia política generan serias dudas sobre la necesidad real y la proporcionalidad de las medidas adoptadas, más aún cuando dichas medidas han sido prolongadas en el tiempo sin una justificación objetiva verificable.

Adicionalmente, el uso reiterado de estas facultades excepcionales como instrumento de gestión ordinaria, sumado a la falta de controles institucionales efectivos, sugiere un desbordamiento del alcance legítimo que el derecho internacional reconoce a los Estados en contextos excepcionales. La ausencia de un monitoreo riguroso, tanto nacional como internacional, contribuye a la erosión del Estado de Derecho y debilita gravemente las garantías democráticas.

Conclusión

El análisis de los Estados de Excepción y de Emergencia Económica en Venezuela, a la luz de los principios del Derecho Internacional, revela un grave distanciamiento entre la normativa internacional aplicable y las prácticas implementadas por el Estado venezolano durante el período examinado. Si bien el marco jurídico internacional reconoce la posibilidad de recurrir a medidas excepcionales en contextos de amenaza real e inminente, también impone límites estrictos y principios rectores que buscan evitar abusos de poder y proteger la dignidad humana incluso en los momentos más críticos.

Los hallazgos desarrollados en este capítulo permiten afirmar que los principios de necesidad, proporcionalidad, no discriminación, no derogación y notificación internacional fueron insuficientemente observados en la práctica venezolana. La prolongación indefinida de los estados de excepción, el uso recurrente de medidas represivas, y la afectación sistemática de derechos fundamentales, especialmente los derechos inderogables, constituyen indicadores contundentes de desviación del marco legal internacional.

En este contexto, resulta imperativo destacar que el ejercicio de poderes extraordinarios no puede ser interpretado como un cheque en blanco para restringir derechos, sino que debe operar dentro de un sistema normativo que garantice el control institucional, la rendición de cuentas y la protección efectiva de los derechos humanos. De lo contrario, el estado de excepción deja de ser una herramienta para restaurar el orden democrático y se transforma en un mecanismo de consolidación autoritaria.

Este capítulo, en consecuencia, refuerza la necesidad de revisar, limitar y someter a control estricto cualquier medida excepcional adoptada por los Estados, especialmente cuando estas afectan de manera directa la estructura institucional, el equilibrio de poderes y los derechos esenciales de la población.

Capítulo 9
Perspectivas comparadas sobre la implementación del Estado de Excepción y los derechos humanos en otras naciones

La experiencia internacional en la aplicación de Estados de Excepción y Emergencias Económicas ofrece valiosas lecciones comparativas para evaluar los límites, riesgos y garantías institucionales asociadas a estos regímenes extraordinarios. En diversos contextos nacionales, la utilización de medidas excepcionales ha sido invocada como respuesta a crisis concretas, pero su implementación ha generado consecuencias divergentes dependiendo del grado de control institucional, transparencia y respeto a los derechos humanos.

Uno de los casos paradigmáticos es el de Francia, que recurrió al Estado de Excepción tras los atentados terroristas de 2015. Si bien la medida fue inicialmente respaldada por la opinión pública y sometida al control parlamentario, su extensión prolongada despertó críticas por su impacto sobre las libertades civiles, particularmente en comunidades migrantes y musulmanas.

Por su parte, Colombia ha implementado Estados de Emergencia en regiones fronterizas, especialmente en situaciones de crisis migratoria o amenaza al orden público. Sin embargo, tales medidas han estado generalmente acompañadas de control legislativo y judicial, así como del monitoreo de organismos internacionales, lo que ha limitado la posibilidad de abusos generalizados.

Otro caso relevante es El Salvador, cuya experiencia reciente evidencia los peligros de recurrir a regímenes de excepción sin limitaciones temporales claras ni control institucional efectivo. Las denuncias de detenciones masivas, restricciones arbitrarias a derechos fundamentales y concentración de poder en el Ejecutivo reflejan cómo un Estado de Excepción puede transformarse en un mecanismo de autoritarismo legalizado, cuando no se establecen y respetan contrapesos adecuados.

Estos casos comparados confirman que, si bien los Estados de Excepción pueden constituir una respuesta legítima ante amenazas graves, su uso prolongado, recurrente o sin control efectivo debilita el Estado de Derecho, erosiona las instituciones democráticas y multiplica los riesgos de violaciones sistemáticas a los derechos humanos.

Hallazgos y decisiones de tribunales y organismos internacionales de derechos humanos

Los pronunciamientos de organismos internacionales especializados ofrecen una evaluación jurídica y autorizada sobre el cumplimiento de los Estados con sus obligaciones en contextos de excepción. En el caso venezolano, tanto la Corte Interamericana de Derechos Humanos (CIDH) como el Consejo de Derechos Humanos de las Naciones Unidas han emitido informes, sentencias y resoluciones que corroboran los patrones de afectación a derechos fundamentales durante la vigencia de los Estados de Excepción.

La CIDH ha producido opiniones consultivas que establecen con claridad los límites jurídicos para la adopción de medidas extraordinarias, subrayando la necesidad de respetar los principios de legalidad, necesidad, proporcionalidad, temporalidad y control institucional. Estas directrices son plenamente aplicables al caso venezolano, donde se ha evidenciado una instrumentalización política del Estado de Excepción.

Asimismo, los informes del Alto Comisionado de las Naciones Unidas para los Derechos Humanos (ACNUDH) han documentado de manera consistente el deterioro de las garantías civiles, políticas y económicas durante la implementación de estos regímenes excepcionales en Venezuela. Las resoluciones del Consejo de Derechos Humanos han señalado la responsabilidad estatal en cuanto al uso desproporcionado de la fuerza, detenciones arbitrarias, represión de la protesta social y desprotección de los derechos económicos y sociales de amplios sectores de la población.

Estas valoraciones institucionales internacionales permiten afirmar que Venezuela, al amparo de medidas excepcionales, ha incurrido en posibles violaciones al Derecho Internacional de los Derechos Humanos, lo cual abre el camino a exigencias de rendición de cuentas, reparación integral y garantías de no repetición.

Conclusión

El análisis comparado de la implementación de los Estados de Excepción en distintas latitudes permite comprender con mayor claridad los riesgos y responsabilidades asociados al uso de este tipo de mecanismos extraordinarios. La experiencia internacional demuestra que, si bien tales medidas pueden ser legítimas frente a amenazas reales y concretas, su uso prolongado, sin controles eficaces ni límites claros, conduce inevitablemente a un deterioro de las instituciones democráticas y al debilitamiento de las garantías fundamentales.

En el caso venezolano, los hallazgos de tribunales y organismos internacionales de derechos humanos refuerzan esta preocupación, al documentar patrones reiterados de violación a derechos civiles, políticos, sociales y económicos, cometidos bajo el amparo de Estados de Excepción y

Emergencias Económicas. La falta de supervisión legislativa, la concentración del poder en el Ejecutivo y la subordinación del poder judicial han facilitado la transformación de lo excepcional en una práctica ordinaria, contrariando los principios del Derecho Internacional.

Las decisiones y observaciones de instancias como la Corte Interamericana de Derechos Humanos y el Alto Comisionado de las Naciones Unidas para los Derechos Humanos ofrecen no solo un marco de evaluación, sino también una guía para corregir el rumbo y restablecer el equilibrio institucional. En este contexto, la experiencia comparada y el control internacional deben ser asumidos como herramientas esenciales para la reconstrucción de un Estado democrático de derecho, en el que las medidas excepcionales respondan verdaderamente a situaciones excepcionales, y nunca sean utilizadas como instrumentos para justificar el autoritarismo ni la represión.

Reflexiones finales

El prolongado uso de los Estados de Excepción y de Emergencia Económica en Venezuela ha tenido, con base en la evidencia documental disponible, un impacto negativo comprobable sobre la protección internacional de los derechos fundamentales. Las investigaciones de organismos multilaterales e instituciones especializadas en derechos humanos coinciden en señalar que estas medidas, lejos de constituir respuestas excepcionales, se han consolidado como prácticas ordinarias que han debilitado progresivamente el Estado de Derecho.

Particularmente grave ha sido la aplicación de estas medidas en la región fronteriza colombo-venezolana, donde sus efectos sociales y económicos han sido devastadores: desplazamientos forzados, ruptura de núcleos familiares, colapso del comercio transfronterizo y aumento de la vulnerabilidad estructural de comunidades enteras. Estas consecuencias obligan a repensar la compatibilidad de tales medidas con los principios que rigen una sociedad democrática, plural y garante de derechos.

El análisis desarrollado en este estudio indica que la implementación de los Estados de Excepción por parte del Estado venezolano ha incumplido principios esenciales del Derecho Internacional, como los de proporcionalidad, necesidad y no derogación de derechos fundamentales. La ausencia de controles institucionales efectivos y el debilitamiento de los mecanismos de rendición de cuentas han facilitado la consolidación de prácticas autoritarias que han afectado profundamente el tejido social, jurídico y político del país.

El caso venezolano se convierte así en un recordatorio claro y aleccionador de cómo los Estados de Excepción —incluso cuando se invocan por razones aparentemente legítimas— pueden derivar en instrumentos de erosión democrática y violación sistemática de derechos humanos, si no se garantizan salvaguardas adecuadas, vigilancia judicial independiente y plena observancia de los estándares internacionales.

Epílogo

Este estudio se erige como un ejercicio de memoria jurídica y responsabilidad crítica ante uno de los períodos más complejos de la historia contemporánea venezolana. Al revisar las múltiples aristas que han caracterizado la aplicación sistemática de los Estados de Excepción y de Emergencia Económica, no solo se ha puesto en evidencia el debilitamiento de las instituciones democráticas y la vulneración estructural de los derechos fundamentales, sino también la urgencia de repensar el papel del Derecho en contextos de crisis.

Venezuela no está sola en esta encrucijada. La comunidad internacional, los organismos multilaterales y la propia ciudadanía tienen el deber de continuar promoviendo los principios universales que protegen la dignidad humana, incluso —y especialmente— en situaciones excepcionales. Esta obra no pretende agotar el debate, sino contribuir a él con argumentos sustentados, referencias comparadas y una lectura crítica de la realidad.

Que este libro sirva como punto de partida para futuras investigaciones, para el fortalecimiento de la doctrina sobre derechos humanos en contextos de excepción, y como una herramienta para los operadores jurídicos, académicos y ciudadanos comprometidos con la justicia y el estado de derecho.

Nota Metodológica

El presente trabajo fue desarrollado a partir de una metodología cualitativa de análisis jurídico y documental. Se recurrió a una revisión exhaustiva de fuentes primarias y secundarias, incluyendo:

- La normativa constitucional venezolana vigente y su desarrollo legislativo en materia de Estados de Excepción.
- Tratados internacionales sobre derechos humanos, especialmente el Pacto Internacional de Derechos Civiles y Políticos (PIDCP) y la Convención Americana sobre Derechos Humanos (CADH).
- Jurisprudencia relevante de la Corte Interamericana de Derechos Humanos, del Tribunal Europeo de Derechos Humanos, y decisiones del sistema de Naciones Unidas.
- Informes de organismos internacionales como la Oficina del Alto Comisionado de Naciones Unidas para los Derechos Humanos, Human Rights Watch, Amnistía Internacional y la Comisión Interamericana de Derechos Humanos.
- Estudios de derecho comparado con énfasis en países de América Latina y Europa.

El abordaje documental se combinó con un enfoque analítico-descriptivo que permitió examinar tanto los fundamentos normativos como los efectos prácticos de las medidas excepcionales en el caso venezolano. La selección de los casos comparativos se basó en criterios de relevancia, similitud de contextos y disponibilidad de fuentes verificables.

Se reconoce que, dada la naturaleza dinámica del tema, algunos aspectos podrían evolucionar en el corto plazo. Por ello, se anima al lector a interpretar este trabajo como una fotografía crítica del momento, en constante diálogo con los desarrollos jurídicos y políticos futuros.

Bibliografía Consultada

A/HRC/41/18 Asamblea General, acceso: abril 7, 2025, https://digitallibrary.un.org/record/3858655/files/A_HRC_41_18-ES.pdf

A/HRC/44/54 Asamblea General, acceso: abril 7, 2025, https://documents.un.org/access.nsf/get?OpenAgent&DS=A/HRC/44/54&Lang=S

ACNUDH - CEPAZ, acceso: abril 7, 2025, https://cepaz.org/wp-content/uploads/2022/06/Informe-sobre-el-cumplimiento-de-las-recomendaciones-de-la-ACNUDH-Venezuela-2019-2021-mayo-2022_compressed.pdf

acuerdo sobre el decreto de estado de excepción y de emergencia económica, dictado por el presidente de la república bolivariana de venezuela - Asamblea Nacional, acceso: abril 7, 2025, https://www.asambleanacionalvenezuela.org/actos/detalle/acuerdo-sobre-el-decreto-de-estado-de-excepcion-y-de-emergencia-economica-dictado-por-el-presidente-de-la-republica-bolivariana-de-venezuela-205

Asamblea desaprobó decreto de Emergencia Económica solicitado por el Ejecutivo, acceso: abril 7, 2025, https://asambleanacionalvenezuela.org/actos/detalle/asamblea-desaprobo-decreto-de-emergencia-economica-solicitado-por-el-ejecutivo-24

consecuencias económicas y sociales del cierre fronterizo - Repositorio Institucional Javeriano, acceso: abril 7, 2025, https://repository.javeriana.edu.co/bitstream/10554/21991/3/BustosMoreno%C3%81ngela2017.pdf

consideraciones sobre los estados de excepción: especial énfasis en Venezuela, Colombia, México, España y Suiza - Universidad Metropolitana, acceso: abril 7, 2025, https://www.unimet.edu.ve/wp-content/uploads/2023/09/Edos-de-Excepcion.pdf

Corrupción y Régimen de Excepción en El Salvador: una democracia sin oxígeno, acceso: abril 7, 2025, https://www.wola.org/es/2022/09/corrupcion-estado-de-excepcion-el-salvador/

De los Decretos-Leyes a los Decretos por la emergencia - VenAmCham, acceso: abril 7, 2025, https://www.venamcham.org/de-los-decretos-leyes-a-los-decretos-por-la-emergencia/

Decreto 1770 de 2015 - Gestor Normativo - Función Pública, acceso: abril 7, 2025, https://www.funcionpublica.gov.co/eva/gestornormativo/norma.php?i=66171

DECRETO 1770 DE 2015 - SUIN-Juriscol, acceso: abril 7, 2025, https://www.suin-juriscol.gov.co/viewDocument.asp?ruta=Decretos/30019984

Decreto de Emergencia Económica - El Ucabista, acceso: abril 7, 2025, https://elucabista.com/wp-content/uploads/2016/02/decreto-de-emergencia-econmica.pdf

Decreto de Estado de Excepción y Emergencia Económica - Fernandez-Concheso, acceso: abril 7, 2025, https://aureliofernandezconcheso.com/decreto-de-estado-de-excepcion-y-emergencia-economica/

Decreto N° 2.323, mediante el cual se declara el Estado de Excepción y de la Emergencia Económica, acceso: abril 7, 2025, http://spgoin.imprentanacional.gob.ve/cgi-win/be_alex.cgi?Acceso=-T028700001716/0&Nombrebd=spgoin&Sesion=1649758807

Defensores De Derechos Humanos Venezolanos Exiliados En Colombia - Freedom House, acceso: abril 7, 2025, https://freedomhouse.org/sites/default/files/2022-01/Special_Report_LAC_HRDs_Case_Study_Venezuela_PDF_SPANISH_Final_01262022.pdf

Derecho a la información y seguridad nacional - Organization of American States, acceso: abril 7, 2025, http://www.oas.org/es/cidh/expresion/informes/DerechoInformacionSeguridadNacional.pdf

EL CONTROL POLÍTICO DE LA ASAMBLEA NACIONAL RESPECTO DE LOS DECRETOS DE EXCEPCIÓN Y SU DESCONOCIMIENTO JUDICIAL Y EJECUTIVO CO - Allan Brewer Carias, acceso: abril 7, 2025, https://allanbrewercarias.com/wp-content/uploads/2017/02/4.-887.-I-1-1130.-Brewer.-CONTROL-POL%-

C3%8DTICO-DE-LOS-DECRETOS-DE-EXCEPCI%C3%93N-Y-SU-DESCONOCIMIENTO-JUDICIAL-Y-EJECUTIVO.-Congreso-U.-Monte%C3%A1vila-nov.pdf

El Estado de Excepción en Venezuela - Acceso a la Justicia, acceso: abril 7, 2025, https://accesoalajusticia.org/el-estado-de-excepcion-en-venezuela/

El estado de excepción y el COVID-19 en México, acceso: abril 7, 2025, https://www.scielo.org.mx/scielo.php?script=sci_arttext&pid=S1405-91932021000200077

El estado de excepción y la limitación de los derechos humanos en Venezuela - Revista digital La Pasión del Saber, acceso: abril 7, 2025, https://lapasiondelsaber.ujap.edu.ve/index.php/lapasiondelsaber-ojs/article/download/36/26/133

El Salvador: Mil días de régimen de excepción, un modelo de "seguridad" a costa de los derechos humanos - Amnistía Internacional, acceso: abril 7, 2025, https://www.amnesty.org/es/latest/news/2024/12/el-salvador-mil-dias-regimen-excepcion-modelo-seguridad-a-costa-derechos-humanos/

Entre Táchira y Cúcuta. Informe sobre la frontera colombo-venezolana - Sures, acceso: abril 7, 2025, https://sures.org.ve/entre-tachira-y-cucuta-informe-sobre-la-frontera-colombo-venezolana/

Estado de Excepción en Venezuela | Amnistia Internacional, acceso: abril 7, 2025, https://www.amnistia.org/ve/noticias/2016/05/1203/estado-de-excepcion-en-venezuela

estado de excepción. suspensión de garantías. garantías judiciales indispensables no suscept - UNAM, acceso: abril 7, 2025, https://archivos.juridicas.unam.mx/www/bjv/libros/8/3801/20.pdf

Estado de Excepción: Qué es y 2 Ejemplos Relevantes para Comprenderlo, acceso: abril 7, 2025, https://derechovirtual.org/estado-de-excepcion-concepto-y-ejemplos/

Estados de excepción Y DE EMERGENCIA ECONÓMICA - Transparencia Venezuela, acceso: abril 7, 2025, https://transparenciave.org/wp-content/uploads/2020/12/04-Estados-de-excepcion-Y-DE-EMERGENCIA-ECONOMICA.pdf

Gaceta Oficial de la República Bolivariana de Venezuela 15 de agosto de 2001 Nº 37.261 La Asamblea Nacional de la Repúbli - Justia, acceso: abril 7, 2025, https://docs.venezuela.justia.com/federales/leyes-organicas/ley-organica-sobre-estados-de-excepcion.pdf

Gaceta-Oficial Extraordinaria Nº 6-227 Observatorio Venezolano de Conflictividad Social, acceso: abril 7, 2025, http://www.observatoriodeconflictos.org.ve/sin-categoria/gaceta-oficial-extraordinaria-no-6-227

Gaceta-Oficial Extraordinaria Nº 6-227 Observatorio Venezolano de Conflictividad Social, acceso: abril 7, 2025, https://www.observatoriodeconflictos.org.ve/sin-categoria/gaceta-oficial-extraordinaria-no-6-227

Informe de la Alta Comisionada de las Naciones Unidas para los Derechos Humanos sobre la situación de los derechos humanos en la República Bolivariana de Venezuela | Refworld, acceso: abril 7, 2025, https://www.refworld.org/es/docid/5d1e31224.html

Informe Mundial 2015: Venezuela | Human Rights Watch, acceso: abril 7, 2025, https://www.hrw.org/es/world-report/2015/country-chapters/world-report-2015-venezuela

Informe Mundial 2016: Venezuela | Human Rights Watch, acceso: abril 7, 2025, https://www.hrw.org/es/world-report/2016/country-chapters/venezuela

Informe Mundial 2021: Venezuela | Human Rights Watch, acceso: abril 7, 2025, https://www.hrw.org/es/world-report/2021/country-chapters/venezuela

La CIDH llama a los Estados de la OEA a asegurar que las medidas de excepción adoptadas para hacer frente la pandemia COVID-19 sean compatibles con sus obligaciones internacionales, acceso: abril 7, 2025, https://www.oas.org/es/cidh/prensa/comunicados/2020/076.asp

La Misión Internacional de la ONU revela graves violaciones de derechos humanos en Venezuela durante el período electoral 2024 | OHCHR, acceso: abril 7, 2025, https://www.ohchr.org/es/press-releases/2024/10/un-international-mission-reveals-gross-human-rights-violations-venezuela

la restricción de garantías y el estado de excepción en la frontera colombo-venezolana revista, acceso: abril 7, 2025, https://revistadederechopublico.com/wp-content/uploads/2022/11/143-144-La_restric_garant_edo_excep_front_colombo_venezo_Gabriel_Sira.pdf

LEY ORGÁNICA SOBRE LOS ESTADOS DE EXCEPCIÓN - Protección Civil, acceso: abril 7, 2025, https://www.pcivil.gob.ve/wp-content/uploads/pdf/marco-legal/LEY-ORG%C3%81NICA-SOBRE-LOS-ESTADOS-DE-EXCEPCI%C3%93N.pdf

Leyes de Emergencia Económica en México y América Latina - Cámara de Diputados, acceso: abril 7, 2025, https://www.diputados.gob.mx/sedia/sia/spe/SPE-ISS-09-09.pdf

Leyes de emergencia económica y control judicial de constitucionalidad: radiografía de una relación difícil. - Universidad de Palermo, acceso: abril 7, 2025, https://www.palermo.edu/derecho/pdf/teoria-del-derecho/n1/TeoriaDerecho_06.pdf

Los derechos humanos en Venezuela Amnistía Internacional, acceso: abril 7, 2025, https://www.amnesty.org/es/location/americas/south-america/venezuela/

Los derechos humanos en Venezuela Amnistía Internacional, acceso: abril 7, 2025, https://www.amnesty.org/es/location/americas/south-america/venezuela/report-venezuela/

LOS ESTADOS DE EXCEPCIÓN EN AMÉRICA LATINA: LOS CONTROLES DESDE EL DERECHO INTERNACIONAL - Dialnet, acceso: abril 7, 2025, https://dialnet.unirioja.es/descarga/articulo/5617405.pdf

Los estados de excepción en el marco del Derecho Internacional de los Derechos Humanos - Oacnudh Guatemala, acceso: abril 7, 2025, http://www.oacnudh.org.gt/images/CONTENIDOS/ARTICULOS/PUBLICACIONES/Boletin_23_Estados_de_excepcion.pdf

Norte de Santander y Táchira: más que un límite fronterizo, subjetividades construidas en el territorio - Repositorio, acceso: abril 7, 2025, https://bonga.unisimon.edu.co/bitstreams/2a8a181b-9fc0-4843-aa00-a5d3fef565b2/download

Notas sobre el ámbito y requisitos del estado de excepción revista, acceso: abril 7, 2025, https://revistadederechopublico.com/wp-content/uploads/2022/11/143-144-Notas_sobre_ambito_requisitos_estado_excepcion_Carlos_Garcia.pdf

Perspectiva de género en los fenómenos migratorios: Estudio socio-económico y laboral de la frontera Colombo Venezolana. - Revista Espacios, acceso: abril 7, 2025, https://www.revistaespacios.com/a20v41n47/a20v41n47p15.pdf

Población afectada por el cierre del paso del Táchira hacia el Norte de Santander y la Ley Orgánica de Fronteras - Redalyc, acceso: abril 7, 2025, https://www.redalyc.org/journal/543/54364091009/html/

protesta y derechos humanos - Organization of American States, acceso: abril 7, 2025, https://www.oas.org/es/cidh/expresion/publicaciones/ProtestayDerechosHumanos.pdf

Qué es un estado de excepción: definición y principios - Civil Liberties Union for Europe, acceso: abril 7, 2025, https://www.liberties.eu/es/stories/estado-de-excepcion/44692

Realidad socioeconómica de la población migratoria venezolana en Cúcuta. Socio-economic reality of the venezuelan migrant pop - revistas udes, acceso: abril 7, 2025, https://revistas.udes.edu.co/aibi/article/download/2197/2188/

Reconfiguración de la frontera Norte de Santander-Táchira: ilegalidad, crimen organizado y corrupción | Opera - Revistas Universidad Externado de Colombia, acceso: abril 7, 2025, https://revistas.uexternado.edu.co/index.php/opera/article/view/5863/7687

Sentencias - Corte Interamericana de Derechos Humanos, acceso: abril 7, 2025, https://www.corteidh.or.cr/casos_sentencias.cfm?lang=es

Situación de los derechos económicos, sociales y culturales en Venezuela durante el COVID-19 - PROVEA, acceso: abril 7, 2025, https://provea.org/publicaciones/investigaciones/situacion-de-los-derechos-economicos-sociales-y-culturales-en-venezuela-durante-el-covid-19-4/

TRADUCCIÓN NO OFICIAL DEL INFORME A/HRC/48/19 Situación de los derechos humanos y la asistencia técnica en la República Bolivariana de Venezuela, acceso: abril 7, 2025, https://venezuela.un.org/sites/default/files/2021-09/A_HRC_48_19_UnofficialSpanishVersion%20%281%29.pdf

Venezuela Estado de Excepcin pone en riesgo los derechos humanos, acceso: abril 7, 2025, https://amnistia.org.ar/noticias/venezuela-estado-de-excepcin-pone-en-riesgo-los-derechos-humanos

Venezuela: la emergencia de derechos humanos exige medidas contundentes del Consejo de Derechos Humanos de la ONU - Amnistía Internacional Argentina, acceso: abril 7, 2025, https://amnistia.org.ar/venezuela-la-emergencia-de-derechos-humanos-exige-medidas-contundentes-del-consejo-de-derechos-humanos-de-la-onu/

Violaciones y abusos de los derechos humanos en el contexto de las protestas en la República Bolivariana de Venezuela del 1 de abril al 31 de julio de 2017 ohchr, acceso: abril 7, 2025, https://www.ohchr.org/Documents/Countries/VE/HCReportVenezuela_1April-31July2017_SP.pdf

Vista de La Constitución colombiana y los estados de excepción: veinte años después, acceso: abril 7, 2025, https://revistas.uexternado.edu.co/index.php/derest/article/view/3020/3056

World Report 2022: Venezuela | Human Rights Watch, acceso: abril 7, 2025, https://www.hrw.org/world-report/2022/country-chapters/venezuela

World Report 2023: Venezuela | Human Rights Watch, acceso: abril 7, 2025, https://www.hrw.org/world-report/2023/country-chapters/venezuela

World Report 2025: Venezuela - Human Rights Watch, acceso: abril 7, 2025, https://www.hrw.org/world-report/2025/country-chapters/venezuela

XI. DERECHO ECONÓMICO INTERNACIONAL - UNAM, acceso: abril 7, 2025, https://archivos.juridicas.unam.mx/www/bjv/libros/4/1937/16.pdf

¿Cómo explicar la catástrofe económica venezolana? - Nueva Sociedad, acceso: abril 7, 2025, https://nuso.org/articulo/como-explicar-la-catastrofe-economica-venezolana/

Producción General

Rudy Anselmi
Junio 2025

Producción Editorial

O!
Ediciones

www.oediciones.com

Junio 2025

Esta pieza editorial es una expresión de
primera calidad e integridad académica, donde
se conjugan una serie de conocimientos,
desde la realización de su contenido hasta el
acabado de los detalles en cada una de las
etapas de producción.

www.oediciones.com

www.ingramcontent.com/pod-product-compliance
Lightning Source LLC
LaVergne TN
LVHW010821051026
849532LV00007B/2591